KB019444

출근할 때마다 자신감이 쌓이는

한 줄 심리학

ISSHUN DE AITE NO KOKORO WO TSUKAMU ICHIGYO SHINRIJUTSU

by Shozo Shibuya

Copyright © 2016 by Shozo Shibuya

Original Japanese edition published by TAKARAJIMASHA, Inc.

Korean translation rights arranged with TAKARAJIMASHA, Inc.

through Japan UNI Agency, Inc., Japan

and KCC(KOREA COPYRIGHT CENTER), Korea.

Korean translation rights © 2018 by Book21 Publishing Group

출근할 때마다 자신감이 쌓이는

한 줄

심리학

시부야 쇼조 지음 | **김현영** 옮김

21세기북스

"이 사람은 무슨 생각을 하는 걸까?"

"이런 반응을 보이는 사람에게는 어떻게 대응해야 하지?"

사람들과 다양한 관계를 맺으며 살다보면 이러한 궁금증을 느끼는 순간
이 찾아옵니다. 이럴 때는 심리학이 도움이 됩니다.

이 책에서는 '이럴 때는 어떻게 해야 하지?' 하고 고민되는 상황을 엄선하
여 이에 관한 심리학적 '해결책'을 단 한 줄로 설명해 놓았습니다. 이 세상
의 수많은 아름다운 법칙이 그러하듯 심리학 법칙도 대부분 간단명료합
니다. 인간의 심리는 복잡하지만, 어떤 결단을 내리거나 행동할 때의 심리
적 원리는 의외로 단순합니다.

신문의 헤드라인이든, 인기 블로그의 타이틀이든, 한눈에 쏙 들어오는 문장은 대개 한 줄로 요약되어 있습니다. 심리학을 깊게, 그러나 지루하지 않게 알리고 싶다! 이것이 이 책에서 '한 줄'을 고집한 이유입니다.

이 책을 처음부터 순서대로 읽을 필요는 없습니다. 궁금하거나 난감한 상황이 생기면 필요한 부분만 찾아서 읽어보시기 바랍니다. 241개에 달하는 항목 중에서 여러분께 도움이 될 만한 심리기술을 분명 찾으실 수 있을 겁니다. 그 '한 줄'이 여러분께 자신감을 심어주고, 여러분의 인생을 풍요롭게 하는 데 도움이 되기를 바랍니다.

시부야 쇼조

목차

제1장
Yes를 끌어내는 '비즈니스' 심리기술

제2장
팀원과 상사를 사로잡는 '인간관계' 심리기술

제3장
거짓과 진실을 꿰뚫어보는 '몸짓' 심리기술

제4장
호감도를 높이는 '첫인상' 심리기술

제5장
상대를 움직이는 '문장' 심리기술

제6장
이성을 끌어당기는 '연애' 심리기술

제 **1** 장

Yes를 끌어내는
'비즈니스' 심리기술

001 부탁을 흔쾌히 들어주길 바랄 때 ①
작은 부탁부터 시작하자

사소한 부탁부터 수락하게 하라

갑자기 "프레젠테이션 자료 좀 작성해주실래요?"라는 소리를 들으면 누구나 멈칫하며 망설이게 된다. 그러나 "○○에 대해 알아봐주시겠어요?" 정도라면 어렵지 않게 응해줄 수 있다. 상대가 일단 부탁을 들어주면 뒤이어 "그럼, 조사하는 김에 그 자료도 좀 정리해서 주시겠어요?"라고 진짜 목적을 드러내보자. 이렇게 하면 부탁을 들어줄 확률이 급격하게 올라가는데, 이러한 기술을 심리학에서는 '발부터 들여놓기(Foot-in the Door Technique)'라고 부른다. 남에게 부탁을 할 때는 쉬운 부탁부터 응하게 한 후에 본론을 꺼내보자.

002 음식을 대접하며 부탁해라

설득의 비결, '먹으면서, 마시면서!'

많은 사람이 중요한 이야기를 꺼내는 적절한 타이밍으로 '먹고 있을 때'를 꼽는다. '먹는다는 쾌감이 심리적 저항을 줄여주기 때문'이다. 한 실험에 따르면 '땅콩을 먹고 콜라를 마시면서' 정보를 들은 사람은 아무것도 먹지 않고 정보를 들은 사람에 비해 그 정보에 찬성하는 비율이 더 높았다고 한다. 이처럼 식사를 하면서 설득하는 방법을 심리학에서는 '오찬 기법 (Luncheon Technique)'이라고 부른다. 부탁할 일이 있을 때는 선술집에서 맥주와 간단한 안주 정도는 대접해보자.

003

부탁을 흔쾌히 들어주길 바랄 때 ③

맑은 날에 부탁해라

부탁하기 전에 일기예보부터 확인하자!

미국의 심리학자 커닝엄(D. A. Cunningham)은 500명의 사람에게 설문요청
을 했는데 날씨에 따라 승낙하는 비율이 달라졌다고 한다. 더 많은 사람이
부탁을 들어준 날씨는 계절과는 관계 없이 '맑은 날씨'였다. 중요한 상담
이나 부탁을 앞두고 있다면 반드시 일기예보부터 확인하자. 덧붙이자면
여름에는 '기압이 높은 날'과 '바람이 강한 날', 겨울에는 '기온이 높은 날'
에 승낙 비율이 높았고, 습도가 높거나 보름달에 가까웠을 때는 어느 계절
이나 승낙 비율이 낮다고 한다.

004 무리한 요구부터 들이민다

자꾸 거절하기가 미안해지는 심리에 호소하자

001의 '발부터 들여놓기'와 반대 기법으로 '머리부터 들여놓기(Door in the Face Technique)'라는 게 있다. 이는 원하는 것보다 더 큰 것을 제안해 거절을 유도하고, 진짜 원하는 조건은 상대적으로 하찮게 여겨지도록 만드는 기법이다. 예를 들어 인사관리부서에서 인사이동을 원만하게 처리하고 싶다면 당사자에게는 퇴직부터 내비치는 것이 좋다. 당사자는 당연히 거부하게 될 텐데, 이때 바로 한 단계 요구사항을 낮춰서 "그럼 퇴직 대신 부서이동을 고려해봅시다"라고 하면 수락할 가능성이 커진다. 큰 요청을 거부하게 만든 후에 작은 요청을 하면 상대는 이를 '양보'로 느낀다. 그렇게 되면 처음에 부탁을 거절한 것이 내심 미안해서 다음 부탁을 비교적 쉽게 수락한다.

일단 수락한 부탁은 조건이 나빠져도 거절하기 어렵다

일단 나쁜 조건을 감춰놓고 좋은 조건을 먼저 들이밀어서 수락하게 한 후에 뒤늦게 사실을 이야기하는 것을 '낮은 공 기법(Low Ball Technique)'이라고 한다. 예를 들어 "이 일을 5일 후까지 하면 돼요."라고 부담스럽지 않은 일정을 제시해 승낙을 얻은 후에 "어쩌죠, 일정이 당겨졌네요. 3일 후까지 부탁드려도 될까요?"라고 좀 더 부담스러운 조건을 내미는 것이다. 인간은 일단 어떤 결정을 내리면 일관성을 유지하기 위해 계속 같은 방향으로 결정을 내리게 되는데, 이러한 심리를 '일관성의 원리'라고 한다. 따라서 뒤늦게 악조건이 제시되어도 웬만하면 대부분의 부탁을 들어주게 된다.

거절하기 힘든 상황을 만들고 싶을 때 ③
제3자를 통해 부탁해라

관계자가 늘면 거절하기가 번거로워진다

특정한 사람에게 부탁을 하고 싶을 때는 본인이 직접 부탁하기보다 제3자를 통해서 간접적으로 부탁하는 것이 더 효과적이다. 예를 들어, "저번 제품이 훌륭해서 이번에도 꼭 ○○ 씨에게 부탁을 드리고 싶습니다"라고 상대측의 제3자를 통해서 부탁을 하는 것이다. 그러면 상대방은 '그렇게 딱 꼬집어서 말을 하니 들어줘야겠네' 하고 승낙을 하게 된다. 상대방으로서는 지명을 당하는 일이 불쾌한 일도 아닐 뿐더러 제3자를 통한 부탁이기 때문에 거절하기도 번거로워진다. 게다가 주변 사람들에게 좋은 모습을 보여주고 싶어 하는 것이 인간의 심리여서 가까운 사람이 부탁하면 단칼에 거절하기가 힘들다.

사람은 아는 사람의 일을 더 잘 도와줍니다.

TIP 사람은 어떤 경우에 남을 도우려고 할까?

'남을 돕는 행동(Helping Behavior)'에 대해 조사했더니 다음과 같은 경향이 밝혀졌다. "도와야 할 사람의 수가 많을 때, 본인이 지명당하지 않았을 때, 사람들은 남을 잘 돕지 않는다. 반면 아는 사람과 함께 있을 때, 도와야 할 사람이 아는 사람일 때, 남을 도와야겠다는 생각을 더 쉽게 한다." 즉 인간은 '아는 사람이 연관되어 있을 때' 더 적극적으로 도우려고 한다.

007 적은 대가로 부탁을 하고 싶을 때
자신의 속사정을 드러낸다

돈 때문에 하는 일이 아니라고 여기게 하자

남의 마음을 장악하는 데 뛰어난 조직폭력단 두목이 일부러 허름한 분식 집에 조직원을 데리고 간다. 그리고 이렇게 말하는 것이다. "지금 상황이 별로 좋지 않아. 고작 라면이라니, 미안하다." 그런 다음 고개를 숙인다. 이런 경우 대부분의 조직원은 '두목이 우리에게까지 속사정을 털어놓는구 나' 하며 감격하며 더욱 헌신적으로 돕는다고 한다. 만족도는 보수의 많고 적음과 일치하지 않는다. 얻을 수 있는 것이 적을 때 사람들은 흔히 '돈을 위해서가 아니라 진정 하고 싶은 일이어서' 한다고 스스로 믿게 된다. 상 대방에게 대가가 적은 부탁을 하고 싶다면 이러한 심리를 끄집어낼 수 있 도록 '속사정'을 드러내보자.

상대에게 부담 주지 않고 부탁하고 싶을 때

"~할까요?"라고 부탁해라

물어보는 말은 상대방에게 압박감을 주지 않는다

우리는 보통 '할 수 있느냐 없느냐'라고 질문을 받으면 불안해진다. 그러나 "~할까요?"라는 말을 들으면 자기도 모르게 흔쾌히 수락하게 된다. 여러 부탁이 겹쳐서 상대방에게 더는 부담을 주고 싶지 않을 때. "~할 수 있습니까?"라는 말보다 "~할까요?"라는 말로 부탁해보자. 즉 "1주일 후에 납품하실 수 있습니까?"라는 말보다 "그럼, 1주일 후로 약속을 잡을까요?"라는 말이 더 낫다. 간단히 말투만 바꾸어도 상대방이 받게 되는 인상이 확달라진다.

009 인사가 반은 먹고 들어간다

좋은 분위기를 만들고 싶다면 인사를 잘하자

아무리 정성껏 준비했더라도 인사도 하지 않고 예의 없이 바로 본론에 들어가면 비즈니스 자체가 하찮게 여겨진다. 마치 케이크를 살 때 포장이 보잘것없어 보이면 케이크까지 맛없게 느껴지는 것과 같다. 상대방이 바빠 보이거나 이야기가 바로 본론으로 들어가게 되면 인사할 타이밍을 놓치기 쉬운데, 이럴 때일수록 한 박자 멈춰서 웃는 얼굴로 인사를 하자. 인사를 하는 그 잠깐의 시간이 공기를 바꿔놓는다. 비즈니스 전체의 분위기를 좌우하는 것이다.

010 미팅 전에 자주 얼굴을 비춰라

만나는 횟수에 비례해서 호감도가 올라간다

미국의 심리학자 자이언스(Robert B. Zajonc)는 만나는 횟수와 '호감도'의 관계에 대해 알아보는 실험을 진행했다. 그는 졸업앨범에서 무작위로 얼굴 사진 12장을 고른 다음, 각 사진마다 횟수를 달리 해서 대학생들에게 보여주었다. 그랬더니 학생들은 '보여준 횟수가 많은 사진'에 더 많은 호감을 느꼈다고 한다. 이렇게 만나는 횟수에 비례해서 호감도가 올라가는 현상을 '단순 노출 효과(Mere Exposure Effect)'라고 부른다. 중요한 미팅을 앞두고 있다면 상대방에게 얼굴을 많이 보여주자. 이런 노력이 실제 비즈니스 현장에서 유리하게 작용할 것이다.

011 부정형으로 답하지 마라

예의를 갖춘 말이 때로는 역효과를 내기도 한다

우리는 보통 같은 의견을 지닌 사람에게는 친근감을 느끼고, 노골적으로 반대의견을 낸 사람에게는 거리감을 느낀다. "이렇게 추운 날씨에 오시느라 고생 많으셨습니다"라는 배려에 "아닙니다. 이 정도는 춥다고 할 수 없지요"라고 부정형으로 대답하면, 분명히 예의를 갖춘다고 한 말이겠지만 상대의 마음속에는 작은 벽이 생기고 만다. 이럴 때는 "올 들어서 가장 추운 날이라고 하네요"와 같이 동조하는 말로 대답해야 한다. 상대방이 더 미안한 얼굴을 할 수도 있겠지만, 심리적으로는 거리가 가까워진다.

012 원활하게 비즈니스하고 싶을 때 ④
잡담으로 분위기를 녹여라

'욕구 5단계 이론'에서 소재를 찾자

잡담은 비즈니스를 부드럽게 진행시키기 위한 윤활유다. 흥미로운 화제를 제공한다면 당신의 가치는 더욱 올라갈 것이다. 잡담의 화제를 고를 때 미국의 심리학자 매슬로(Abraham H. Maslow)가 주장한 '욕구 5단계 이론'을 참고해보라. 인간에게는 5단계의 욕구가 있다. 1단계는 '생리적 욕구(식욕·수면욕)'이고 2단계는 '안전의 욕구(신체의 안전과 생활의 안정에 대한 욕구)'다. 사람들은 흔히 이런 욕구와 연관된 정보에 높은 가치를 매긴다. 1단계의 대표적인 예로 '맛집 정보'가 있다. 이는 누구나 좋아할 만한 소재다. '건강'이나 '돈'도 '2단계'와 연관되어 있어 부담 없이 꺼낼 수 있는 이야깃거리다.

'욕구 5단계 이론'을 참고로 상대방이 흥미를 느낄 만한 이야기를 해봅시다.

> **TIP** **연애 이야기도 좋다**
>
> '욕구 5단계 이론'의 남은 단계를 알아보자. 3단계는 '소속감과 애정의 욕구'다. 즉 이는 '남에게 사랑받고 싶은 욕구'이므로 연애 이야기나 이성에게 인기를 끌 방법에 대한 이야기가 좋겠다. 4단계는 '인정과 존경의 욕구'다. 남에게 존경받기를 원하는 욕구이므로 취미나 패션 감각 등을 자연스럽게 칭찬하면 좋다. 5단계는 '자아실현의 욕구'다. 상대방에게 동기부여로 이어질 수 있는 화제를 제공하면 좋은 인상을 남길 수 있다.

013 평소에 호의를 베풀어라

사소한 선물 등의 작은 호의가 나중에 효과를 발휘한다

남에게 무언가를 받으면 자신도 되돌려주고 싶은 마음이 드는데, 이를 심리학에서는 '상호성의 법칙(Law of Reciprocality)'이라고 부른다. 선물에 보답을 하고, 그 보답에 또 선물이 오는 현상도 이러한 심리 때문에 벌어진다. 따라서 사소한 선물이나 접대를 해서 상대방에게 돌려줄 것이 있게끔 해두면 실제 비즈니스에서 다소 유리한 위치를 차지할 수 있다. 단, 일방적으로 지나친 호의를 베풀면 상대가 이를 빚으로 인식해서 오히려 관계가 무너진다. 식사를 대접할 때도 "여러 모로 신세가 많습니다"와 같은 말을 덧붙여서 상대가 부담을 느끼지 않게 주의해야 한다.

014 익숙한 곳에서 이야기해라

주도권을 잡으려면 홈그라운드가 유리하다

자기 집, 자기 회사의 책상, 익숙한 식당 등 '자신의 영역' 안에 있는 사람은 주체성을 가지고 행동할 수 있고, 타인에게 권위나 지위를 과시할 수 있다. 미국에서 학생 기숙사를 이용해 이에 관한 실험을 한 적이 있는데, 방 주인과 방문자가 화기애애하게 대화를 나눌 때는 방문자가 더 많은 이야기를 했지만, 둘의 의견이 대립했을 때는 방 주인이 고압적인 태도를 취하며 상대의 발언을 제지하려는 경향을 보였다고 한다. 자신보다 힘이 센 상대를 설득할 때는 이러한 심리를 생각해서 자신의 영역으로 초대해 이야기를 해보자.

015

비즈니스에서 주도권을 잡고 싶을 때 ①

일부러 조금 늦게 가라

기다린 사람보다 기다리게 한 사람이 우위를 차지한다

상대방을 일부러 기다리게 하여 자신이 우위를 차지하고 있음을 강조하는 방법도 있다. 스탠퍼드대학에서 정신의학을 연구한 인셀(Thomas Insel)은 이렇게 분석했다. "기다린 사람의 시간보다 기다리게 한 사람의 시간이 더 높은 가치를 지닌 것처럼 보인다. 기다리게 한 사람은 기다린 사람의 시간을 좌우할 만한 권한을 가진, 더욱 우위에 선 인물이라고 볼 수 있다." 기다린 사람이 기다리게 한 사람에게 종속된다고 하여 이를 '종속효과'라고 부른다. 이 효과를 잘 이용한 사람 중에 세기의 여배우 엘리자베스 테일러가 있다. 그녀는 아카데미 수상 파티에 40분이나 늦었을 때에도 참가자들의 주목을 받으며 당당하게 입장했다.

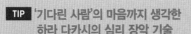

하라 다카시는 상대의 마음을
사로잡는 데 뛰어난 사람이었습니다.

> **TIP** '기다린 사람'의 마음까지 생각한
> 하라 다카시의 심리 장악 기술
>
> 일본의 정치가이자 19대 일본 총리를 지낸 하라 다카시(原敬)는 자신을 찾아온 사람들의 마음을 휘어잡는 데 아주 능숙한 사람이었다고 한다. 찾아온 사람들 중에 제일 먼저 이야기하게 된 사람에게는 "안 그래도 당신하고 제일 먼저 이야기하고 싶었습니다"라고 말을 꺼냈고, 마지막까지 순서를 기다린 사람에게는 "당신 하고는 차분하게 이야기를 하고 싶었습니다"는 말로 대화를 시작했다고 한다. 기다린 사람의 심정까지 헤아릴 줄 알아야 상대의 마음을 휘어잡을 수 있다.

016 창가에 앉아라

창가의 빛으로 후광 효과를 일으키자

우리가 자주 접하는 심리학 용어 중에 '후광 효과'라는 말이 있다. 이 효과는 인물이나 사물 등 특정 대상을 평가할 때 그 대상의 두드러진 특성이 다른 부분의 평가에까지 영향을 미치는 현상을 말한다. 학력이 좋으면 어쩐지 대단한 사람으로 여겨지는 것처럼 말이다. 재미있게도 실제 '빛'을 통해서도 후광 효과가 나타난다고 한다. 비즈니스 현장에서 자리를 고를 수 있다면 창가에 앉도록 하자. 당신에게 쏟아지는 빛이 당신의 존재 자체를 더욱 돋보이게 해줄 것이다.

017 침묵이 분위기를 바꾼다

긴장과 완화를 적절히 섞어보자

좀 전까지 웃으며 이야기하던 당신이 갑자기 태도를 바꿔서 침묵을 지키면 상대방은 약간의 불안을 느낀다. 이때 "그런데… 일전에 말씀드렸던 그 안건 말입니다만" 하고 이야기를 꺼내면 상대방은 본론에 들어갔음을 이해하고 방금 느꼈던 불안이 해소된 데에 마음을 놓는다. 상대를 자신의 페이스에 말려들게 하고 싶다면 이렇게 긴장과 완화의 '대비 효과'를 이용해보자. 이는 이야기를 아주 잘하는 사람이나 재미있는 코미디언들이 흔하게 쓰는 수법이기도 하다. 분위기를 싹 바꿀 수 있는 방법을 알고 있으면 비즈니스를 좀 더 유리하게 이끌어갈 수 있다.

018 일부러 시선을 피해라

적극적인 성격일수록 시선을 조절할 수 있다

상대방과 시선을 마주치는 것은 의사소통의 기본이다. 그러나 이것이 지나쳐서 상대를 뚫어져라 쳐다보는 것은 경계심이나 도전적인 감정의 표현이 되기도 한다. 대화에 여유를 가지고 임하는 사람일수록 시선을 적당히 피하는 법이다. 심리학자 챔프네스(Brian Champness)는 능동적인 사람과 수동적인 사람을 대면시켰을 때 시선이 어떻게 움직이는지를 알아보았는데, 의외로 능동적인 사람이 시선을 먼저 피하는 경우가 많았다고 한다. 시선을 피하면 상대방은 그 이유를 찾느라 불안정한 심리상태에 놓인다. 그러면 피한 쪽이 이야기의 주도권을 쥐게 된다.

019 화장실에 들어간 모습을 상상해보라

상상으로 우열관계를 해소하자

상대가 자신보다 뛰어나다는 생각이 들면 아무래도 기가 죽는다. 그럴 때는 아무리 잘 나가도 다 똑같은 인간이라고 생각해보자. 현실에서는 분명하게 우열관계가 존재하겠지만, 그렇다고 기가 죽어 있으면 죽도 밥도 되지 않는다. 우월해 보이는 상대도 보통 사람처럼 똑같이 화장실에서 볼일을 본다고 생각해보면, 기죽지 않고 여유롭게 말을 걸 수 있지 않을까? 상상을 통해서 우열관계를 깨트리면 당당하게 논쟁을 펼칠 수 있다.

> **TIP** 자신보다 잘난 상대를 만나기 전에 긴장을 완화하는 방법
>
> 있는 힘껏 힘을 줘서 근육을 긴장시켰다가 갑자기 힘을 툭 빼면 자연스럽게 근육이 이완된다. 긴장을 완화하고 싶을 때는 이 '근육이완법'이 도움이 된다. 예를 들어 상대방을 방문할 때 매우 긴장이 된다면 엘리베이터를 타지 말고 계단을 뛰어 올라가보자. 심장박동을 빠르게 한 후 박동이 잦아들면서 마음도 차분해진다.

020 부재중일 때를 노려 전화해라

작은 불안감을 심어주는 것이 핵심이다

거래나 비즈니스를 위해서는 '강렬한 존재감'을 유지해야 한다. 내 존재감
이 낮으면 언제 다른 거래처를 검토할지 모른다. 이럴 때 도움이 되는 것
이 '용건 없는 전화'다. "근래에 연락을 드리지 못해서…" 하고 전화를 한
통 넣으면 용건이 있을 때만 연락하는 사이 이상의 관계를 맺을 수 있다.
더욱 효과를 높이고 싶다면 그 사람이 자리에 없을 때를 노려서 전화하자.
분명 '무슨 일로 했지?' 하고 신경을 쓸 것이다. 이 '사소한 불안감'이 당신
의 존재감을 더욱 강렬하게 만든다.

021 미팅 날짜를 당신이 지정해라

언제라도 만날 수 있는 사람에게는 고마움을 느끼지 못한다

사람은 손에 넣기 힘든 물건에 더 높은 가치를 부여한다. 이를 '희소성의
원리'라고 하는데, 한정품이니 선착순 판매니 하는 마케팅 전략에서 흔히
볼 수 있다. 그런데 이 원리를 사람에게도 적용할 수 있다. 즉 '만날 수 있
는 날짜를 제한'하면 당신의 가치가 올라간다. "미팅은 언제로 할까요?"라
는 물음에 "언제든 좋습니다"라는 대답은 좋은 전략이 아니다. "15일 오후
어떻습니까?" 하고 일시를 지정해야 상대방에게 '바쁜 와중에 나를 위해
서 시간을 내주었구나' 하는 인상을 남길 수 있다.

불평불만을 다 토해내게 해라

어쨌든 노여움부터 먼저 풀어줘라

고객이 불만을 표시했을 때의 철칙은 '모든 불평불만을 고객이 다 토해내게 해야 한다'는 것이다. 잘 해결할 수 있느냐 없느냐는 차치하고, 상대방의 정보를 수집하는 차원에서라도 모조리 털어놓게 해야 한다. 그리고 그 말들을 '의견으로서' 받아들인다. 생각하는 바를 모두 털어놓고서 그것이 받아들여졌다는 사실을 인지하고 나면 상대방은 카타르시스를 느낀다. 심리학에서 말하는 카타르시스란 마음에 잔뜩 쌓인 응어리를 표출함으로써 안정을 찾는 현상을 의미한다. 즉 불쾌감을 다 드러내게 하면 노여움이 해소된다. 고객이 차분해지면 그때 비로소 하나씩 불만을 정리하여 사과하도록 하자.

> 무조건 사과하기보다
> 불평불만의 두 가지 측면을
> 구별해서 처리합시다.

TIP 상대방의 불평불만을 구분해야 한다

상대방이 안고 있는 불평불만은 크게 두 종류로 나뉜다. 하나는 '실제로 손해를 입었다(클레임, Claim)'는 것이고, 다른 하나는 '불쾌감을 느꼈다(컴플레인, Complain)'는 것이다. 전자에 대해서는 사과와 함께 보상을 해줘야 하고, 후자에 대해서는 사과와 함께 재발방지를 약속하는 것이 좋다. 상대방이 불만을 표출하며 보상을 요구할 때는 이 두 가지를 확실하게 구별해서 정리한 후에 처리하자.

친해서 저지른 실수임을 강조해라

친하기 때문에 상처도 받는다

'고슴도치 딜레마(Porcupine's Dilemma)'라는 말이 있다. 등과 꼬리에 뾰족한 가시가 돋아 있는 고슴도치는 날씨가 추워지면 서로 모여들어 체온을 나누는 습성이 있다. 그런데 너무 가까이 가면 서로가 상대의 가시에 찔리고, 너무 떨어지면 얼어 죽는다. 인간도 이와 비슷해서 친하기 때문에 상대방에게 상처를 주는 경우가 있다. 그럴 때는 "가까이 지낼수록 예의를 지켰어야 했는데, 제가 실수를 했습니다"와 같이 '친해서 저지른 실수'임을 강조하며 사과해보자. 상대방이 솔직하게 불쾌함을 드러내는 것 역시 친밀한 관계이기에 그렇다. 그 관계성을 다시 확인하면 노여움도 가라앉게 된다.

024 결론을 당장 요구하지 않는다

늘 쫓는 쪽에 서야 한다

심리적으로 '쫓는 쪽'보다 '쫓기는 쪽'이 더 불안한 법이다. 당신이 비즈니스에서 상대의 대답을 기다리고 있는 경우, '쫓기는 쪽'은 상대방이다. 거절하는 데도 에너지가 필요해서, 당신이 대답을 기다리고 있으면, 상대방은 에너지를 써야 하는 성가신 상황을 어서 넘기고 싶다는 마음이 들게 된다. 어려운 요구를 관철시키고 싶다면 이 효과를 이용해서 '쫓는 쪽'에 서보자. 이를 위해서는 '그 자리에서 결론을 요구하지 말아야' 한다. "이런 이야기가 있기는 한데…"와 같이 가능성을 타진하는 것만으로도 충분하다. 결과적으로는 의뢰나 마찬가지지만, 이것만으로는 상대방이 거절을 내비치기 어렵기 때문에 더욱 확실한 기회를 남겨둘 수 있다.

025
다른 존재를 내세워 거절한다

사회의 법칙과 도덕은 누구든 거스를 수 없다

때로는 상대가 제시하는 무리한 조건을 거절해야 할 때도 있다. 향후 관계를 생각한다면 감정을 상하게 하지 않는 선에서 완곡하게 거절하는 것이 좋다. 이럴 때는 자신 이외의 다양한 '권위'를 내세워서 거절해보자. "죄송합니다, 부장님이 난색을 표하셔서요"와 같이 상사를 내세워도 좋고, "지역에서 클레임이 들어올 우려가 있습니다"와 같이 사회의 규칙이나 도덕을 내세워도 효과가 좋다. "저도 해드리고 싶은데 도저히 방법이 없네요"라는 뉘앙스를 전달해보자.

026 검토 중이라며 답을 미뤄라

곧바로 거절하지 않음으로써 상대의 체면을 세워주자

정치가가 흔히 쓰는 '핑계' 중에 "긍정적으로 검토 중입니다"라는 틀에 박힌 말이 있다. 이 말은 '당장은 할 수 없지만 결코 무시하는 것이 아니라 진지하게 생각하고 있습니다'라는 뜻이다. 이렇게 일단 상대방의 체면을 세워주는 말을 해두면 상대로부터 자신을 무시하는 것이냐며 추궁당할 걱정을 하지 않아도 된다. 이런 거절 방법은 비즈니스에서도 효과가 크다. 당장 거절하고 싶더라도 "지금 검토 중입니다"라며 그 자리에서 결론을 내리지 말자. 나중에 "죄송합니다, 아무래도 힘들겠습니다"라고 전하면 '어쨌든 생각은 해보았다', '최선을 다했다'는 자세를 취할 수 있다.

027 부드럽게 거절하고 싶을 때 ①
내가 더 힘들다고 말해라

상대의 대의명분을 무효로 만들자

남에게 어떤 부탁을 하려고 하는 사람은 대개 자신이 힘든 상황에 처해 있음을 강조하려고 든다. "미안하지만 다음 달 동기 모임 장소 좀 알아봐 줄래? 요즘 내가 엄청 바쁘거든. 저번 주부터 계속 야근이야." 이런 이야기로 부탁을 해온다면 "힘들겠네, 나는 벌써 보름째 야근이야, 피곤해 죽겠어" 하고 '내가 더 바쁘다'는 사실을 자연스럽게 어필해보자. 확실하게 싫다는 소리는 하지 않았지만, 바쁘다는 대의명분을 내세운다면, 부탁을 하려고 했던 상대방으로서는 자신과 똑같은 대의명분이 제기된 이상 받아들일 수밖에 없다.

028 부탁받기 전에 선수 쳐라

의욕을 내비치면서 거절하는 고급 기술

일을 하다 보면 상사가 느닷없이 잡무를 부탁해올 때가 있다. '오늘은 그런 부탁을 안 했으면 좋겠는데' 싶을 때는 선수를 치는 것도 방법이다. "오늘 제게 시키실 일 있으십니까? 실은 제가 이제부터 ○○에 매달려야 해서…"라고 상사의 의견을 구하면, "아, 그래? 그럼 다른 사람에게 부탁할테니 일 보게" 하고 내버려둘지도 모른다. "안 그래도 부탁하려고 했는데 가능하겠어?"라고 나온다면 긁어 부스럼이 되겠지만, 어차피 아무 말 안 했어도 부탁이 들어올 상황이므로 손해 볼 일은 없다. 아니, 오히려 '당신을 항상 생각하고 있습니다'라는 마음을 내비칠 수 있어 좋다.

> 'Yes'만 말하는 사람은 은근히 업신여김을 당하기도 합니다.

TIP 'NO'라고 말할 수 있는 사람은 높은 평가를 받는다

"아니요(No)"라고 말하는 데는 상당한 스트레스가 뒤따른다. 그래서 차라리 "네(Yes)"라고 말하고 일을 떠맡는 쪽의 스트레스를 선택하는 사람도 많다. 그런데 그렇기 때문에 'No'라고 말할 수 있는 사람이 높은 평가를 받기도 한다. 'Yes'만 말하는 사람은 '예스맨(Yes-man)'으로 비난당하기 쉽다. 자연스럽게 'No'라고 말할 수 있는 것도 실력이다.

029 거절에 관한 규칙을 세워라

확고한 규칙이 있으면 이것저것 고민하지 않아도 된다

마음이 약해서 남의 부탁을 거절하지 못하고 자꾸 곤란한 상황에 놓이게 되다면, '술자리는 세 번에 한 번꼴로 거절하겠다' 혹은 '휴일의 모임만큼 은 절대로 안 된다'와 같이 '나만의 규칙'을 세워보자. 이렇게 하면 '저번에 도 안 된다고 거절했는데 오늘은 나가야 하나?' 하고 고민하지 않아도 되고, 자신의 규칙이 남에게 알려지면 '저 친구는 원래 그런 친구'라고 이해를 받게 된다. 이 기술의 약점은 처음 대면한 상대에게는 통하지 않는다는 것인데, 그래도 일단 '이것이 나의 철칙'이라고 정해두면 상대방의 감정을 약간 상하게 할지는 몰라도 자신의 마음까지 괴로울 일은 없다.

030 부드럽게 거절하고 싶을 때 ④
마주보고 서지 마라

대립되는 분위기를 완화할 수 있는 방법을 찾자

나란히 서면 친근한 분위기가 형성되고, 정면으로 마주보고 서면 다투는 분위기가 조성된다. 따라서 의견을 거절해야 하는 상황에서는 마주보고 이야기하지 말아야 한다. 이렇게만 해도 대립되는 분위기가 어느 정도는 해소된다. 상사의 무리한 요구를 거절하고 싶을 때도 상사의 책상 맞은편에 서지 말고 살짝 비켜서서 이야기해보자. 그리고 일단 말이 끝나면 바로 그 자리를 벗어나자. 오랫동안 얼굴을 대하고 있으면 거절한 데 대한 죄의식이 커져서 조금씩 상사의 페이스에 말려들게 된다.

50

031 둘 중 하나를 선택하게 한다

단정하는 말투로 물으면 대부분의 사람이 동조한다

사람은 자신이 일단 긍정한 내용에 대해서는 부정적인 의견을 덧붙이기 꺼려한다(일관성의 원리). 그러므로 당신의 의견에 '동의'하도록 만들려면 처음부터 당신 편을 들게 하는 수밖에 없다. 그런데 이런 경우에 "이 기획, 어떻게 생각해?"라고 물으면 쉽게 동의를 얻을 수 없다. 이보다는 "이 기획, 잘될 것 같지 않아?"와 같이 단정적인 어투로 물어보자. 부정적인 데이터가 없는 한, 많은 사람이 "응, 그래"라고 대답할 것이다. 그런지 아닌지, 양자택일을 해야 하는 질문을 던지면 높은 비율로 'Yes'를 끌어낼 수 있다.

좋은 아이디어 같지?

아무렴!

032 현실적인 숫자를 제시해라

'기준'이 있으면 비즈니스를 더욱 쉽게 이끌 수 있다

어떤 숫자나 정보가 기준이 되어 판단에 영향을 미치는 현상을 '정박 효과(Anchoring Effect)'라고 한다. '금년 매출액 목표는 전년도 대비 120%'라고 연초에 제시해놓으면 이 숫자를 기준으로 '더 했는지 못했는지'만을 논하게 된다. 이런 효과를 이용해 어려운 요구를 해올 때는 "이 정도라면 할 수 있습니다"라고 현실적인 숫자를 제시해보자. 가령 "제작비는 100만 원으로 합시다"라고 무리한 요구를 해오면 "마음은 그렇게 해드리고 싶지만 현실적으로 불가능합니다. 300만 원은 되어야…" 하고 응수하는 것이다. 그러면 '300만 원'이 기준이 되어 비즈니스를 진행하기가 좀 더 수월해진다.

033 상황이 바뀔 수 있음을 알려라

사람은 '변화'를 부담스러워한다

"바쁜데 미안하지만 이번 주 안에 납품해줄 수 있을까?"라는 무리한 요구를 받을 때가 있다. 그대로 요구를 다 수용하자니 부담이 너무 커지고, 그렇다고 거절하기도 어려운 상황이라면 이렇게 양보를 끌어내보자. "그렇게 되면 이번 주에 납품하기로 한 건은 늦어질 수도 있습니다" 혹은 "계약 내용하고 조금 달라질 수도 있어요"라고 상황이 바뀔 수 있음을 넌지시 알려 상대방의 기세를 조금 누그러뜨리는 것이다. 사람은 '변화'를 부담스러워한다. 변화의 가능성을 제시하면 자신의 일방적인 요구는 잠시 접고 당신의 사정에도 귀를 기울여줄 것이다.

034 망쳐도 된다고 생각해라

실패를 두려워할수록 일이 꼬이는 법이다

사람의 마음속에는 '마이너스 기대감'이 자리 잡고 있다. 저질러서는 안된다고 생각하는 일일수록 불안감이 커지고, 그래서 '어차피 실패할 거야'라는 쪽으로 몸과 마음이 흘러서 결국 일을 망치는 경우가 많다. 골프를칠 때 '공이 벙커에 빠지면 어쩌지?' 하는 생각만 하고 있으면 정말로 공이 벙커에 빠지는 경험을 할 수도 있다. 비즈니스에서도 마찬가지다. 절대로 실수하면 안 된다고 걱정할수록 자꾸 실수가 나온다. 이럴 때는 오히려 '실수해도 괜찮아'라고 반대로 생각해야 자신을 옭아맨 두려움을 떨쳐낼수 있다. '이번만큼은 실패해도 괜찮아' 하고 자신에게 너그러워져야 최악의 상황을 피할 수 있다.

035 공적인 가치를 강조한다

대의명분에 약한 사람이 많다

'동기부여'는 상대방이 나의 제안을 쉽게 받아들일 수 있게 하는 좋은 방법 중 하나다. 즉 상대방에게 어떤 이익이 있는지를 확실하게 알리는 것이다. 만약 상대방이 가져갈 이익이 적을 때는 다양한 방면에서 동기를 부여해야 한다. 그중 하나가 '공적인 가치'를 강조한 '대의명분'을 내세우는 것이다. "사회문제를 해결하는 데 공헌할 수 있습니다"와 같은 명분을 제시하면 상대의 의욕에 불을 지필 수 있다. 수완이 뛰어난 비즈니스맨은 감춰진 동기를 찾아내고 그에 가치를 불어넣어 상대방의 의욕을 끄집어낸다.

036 권위 있는 자료를 제시해라

공공기관의 자료일수록 가치가 높다

당신의 제안이 상대방의 관심 분야가 아닐 때, 상대방은 그 제안의 필요성이나 장점을 이해하지 못해서 부정적인 대답을 내놓을 수 있다. 이런 경우에는 '믿을 수 있는 확실한 자료'를 보여주자. 그러면 상품의 가치가 확실해져서 상대방의 흥미를 끌어낼 수 있다. 특히 그 자료가 '공공기관'의 자료일수록 호소력이 강해진다. "통계청에 따르면…"이라는 말과 "제가 인터넷에서 조사한 바에 따르면…"이라는 말 중에 어느 쪽이 더 믿을 만한지는 굳이 설명하지 않아도 될 것이다. 자료의 근거가 확실할수록 가치가 높고, 새로운 데이터일수록 인상이 강하게 남는다.

> 후광 효과에만 의존하면
> 어느 날 갑자기 정반대의 상황이 벌어져
> 손해를 볼 수 있습니다.

TIP 연예인을 '권위'로 내세운 판매는 양날의 검

권위가 있는 자료를 내세워서 판매를 하면 '후광 효과(016 참조)'를 보게 된다. 그런데 "여배우 ○○○도 애용하는…"이라고 연예인의 이름을 후광으로 사용하면 그 연예인에게 스캔들이 터졌을 때 후광 효과가 정반대의 상황을 야기하게 된다. 후광 효과는 이미지에 불과하다. 상품의 품질과는 본질적으로 아무런 연관이 없다. 후광 효과를 이용할 때는 이 점에 유의하자.

037 공통의 적을 만들어라

경쟁사의 이름을 거론하여 상대방의 마음을 흔들자

어느 업종이나 경쟁사가 있기 마련이다. 경쟁 중인 사람에게는 독특한 심리가 자리 잡고 있는데, 그중 하나가 '적의 적은 아군'이라는 사고방식이다. 비즈니스에서 상대방이 바라는 이익을 제안하기 어려울 때는 '공통의 적'을 내세우면 좋다. "요즘 A사가 호조를 보이던데…"와 같이 경쟁사의 이름을 꺼내서 상대방을 흔든 뒤에 "귀사와 저희 회사가 손을 잡으면 A사의 성과를 앞지를 수 있습니다" 하고 의견을 제시하는 식이다. 이렇게 '공통의 목표'를 가리키면 상대방의 관심을 끌어낼 수 있다.

038 1~2주 정도 냉각기를 둬라

사람의 마음은 '진행 중'인 사건에 반응한다

상대방이 이야기에 관심을 나타내지 않을 때는 설명을 일단 중단하자. 실제로는 그 자리에 상품을 가져갔더라도 굳이 보여주지 말고 '조만간' 보여준다는 약속만 남기고 돌아오자. 사람의 마음은 종결된 행위보다 아직 진행 중인 행위에 강하게 반응한다. 이를 심리학에서는 '미완성 효과(자이가르닉 효과, Zeigarnik Effect)'라고 부른다. 또한 '수면자 효과(221 참조)'에 의해 도중에 그친 당신의 설명은 시간이 흐를수록 가치를 띠게 된다. 한 연구에 따르면 간격을 두기에 가장 좋은 기간은 1~2주간이라고 한다.

039 다른 사람이 권하게 해라

많은 사람이 권하면 좋은 것으로 인식된다

상대방의 반응이 나쁘지는 않지만 결정하기까지 딱 한 발 정도가 부족해 보이는 상황에서 효과적인 방법은 "저희도 권해드리고 싶네요"라는, 당신을 제외한 다른 이의 추천이다. 권하는 이가 많아지면 상대방은 '많은 사람이 권하니까 정말 좋은 건가 봐' 하고 느끼게 된다. 이렇게 다수의 행동 패턴에 개인이 영향을 받아 행동하는 것을 '동조 행동(Conforming Behavior)'이라고 한다. 남의 말에 잘 움직이는 사람은 이런 경우 남들과 똑같은 행동을 취해야 마음을 놓는다. 사람들이 유명 브랜드를 선호하는 것 역시 동조 행동으로 설명할 수 있다.

040 약점을 보여 동정표를 얻어라

'내가 구해주고 싶다'는 심리에 호소하자

'언더독 효과(Underdog Effect)'라는 말이 있다. 개싸움에서 밑에 깔린 개 (Underdog), 즉 약자에게 동정표가 몰리는 현상을 말한다. 무명의 아이돌 이 "열심히 하겠습니다! 저희 이름을 꼭 기억해주세요!"라고 호소하면 '나 도 응원해볼까?' 하는 마음이 들고, 작은 점포가 "대형업체와의 경쟁에서 살아남기 위해 최선을 다해 노력하고 있습니다!"라고 호소하면 '다음에는 저 가게에서 사봐야지' 하는 마음이 든다. 이렇게 '자신이 힘없는 약자'임 을 드러내면 상대는 '내가 구해줌으로써 카타르시스를 느끼고 싶다'라는 생각을 하게 된다. 상대를 설득할 재료가 떨어졌을 때 효과적인 방법이다.

041 설득하려면 해질녘을 노려라

판단력이 떨어지는 시간을 노리자

인간의 활동 능력은 기상 후의 시간 경과나 외부의 환경 변화에 따라 상하의 파도를 반복하는데, 해질녘이 되면 인지력이나 판단력 등 전반적인 활동 능력이 두드러지게 저하된다고 한다. 이를 심리학에서는 '황혼 효과'라고 부른다. 히틀러는 다양한 심리기술을 이용해서 독일 국민을 선동했다고 알려져 있는데, 이 히틀러가 연설했던 시간도 주로 해질녘이었다. 우유부단한 상대방의 등을 탁 밀어서 결단을 내리게 만들고 싶다면 사고력이 둔해지고 주위 의견에 휘말리기 쉬워지는 이 시간대를 노려보자.

042 양자택일 선택지를 내밀어라

'이득이 되는 선택을 했다'는 만족감을 연출하자

그럴 듯한 선택지가 주어지면 다른 선택지가 있는데도 주어진 선택지 안에서만 판단을 내리려고 하는 것이 인간의 심리다. "지금 계약하시면 포인트를 두 배로 드려요", "지금 이 가격이 최저가입니다. 만약 다른 곳보다 비싸면 그만큼 가격을 낮춰드리겠습니다"와 같은 세일즈 토크도 '지금 사느냐, 나중에 사느냐?'라는 양자택일을 제시하여 '지금 여기에서 사는 편이 이득'이라는 생각을 하게 만드는 데 목적이 있다. 이러한 심리적인 만족감은 결단을 내리는 데 강력한 동기로 작용한다.

> 양자택일은
> 인간의 심리에
> 아주 큰 영향을 끼칩니다.

> **TIP** 양자택일의 영향력을 알 수 있는 '죄수의 딜레마'
>
> 공범 관계인 두 죄수에게 ①"지금부터 따로 심문을 할 텐데, 둘 다 자백하면 둘 다 가볍게 징역 2년을 구형하겠다", ②"한 사람은 자백했는데 한 사람이 부인하면 자백 쪽은 석방, 부인한 쪽은 징역 10년을 구형하겠다", ③"둘 다 부인하면 둘 다 3개월을 구형하겠다"라는 조건을 제시했다. 둘에게 가장 좋은 선택은 ③이지만, '자백하면 이익을 볼 가능성이 있고 부인하면 손해를 볼 가능성이 있는' 다른 두 선택지 때문에 고민에 빠지게 된다. 이것이 그 유명한 '죄수의 딜레마(Prisoner's Dilemma)'다.

신중한 사람을 설득하고 싶을 때

신문의 사설을 인용해라

다수파의 의견을 존중하는 심리에 호소하자

남을 설득하려면 그 사람이 어떤 사람인가에 따라 전략을 바꾸어야 한다. 성격이 신중한 사람은 '사회지향적'인 판단을 하는 경향이 있다. 또한 평소에 주위 사람의 언동에 늘 주의를 기울이며 다수파의 의견에서 벗어나지 않으려고 한다. 그래서 자신의 의견을 내세우기보다는 상대방의 의견을 더 많이 수용하는 모습을 보인다. 이들은 다수파의 의견에 민감하고 권위에 약하므로 이들을 설득할 때는 "○○신문에 실려 있습니다"와 같이 사설을 인용하는 방법이 효과적이다. 반대로 아부하는 말이나 잘 봐달라는 선물에는 경계심을 가지며 불쾌해한다.

044 말보다는 자료로 설득하자

수치로 표현한 정보를 좋아하는 심리에 호소하자

신경이 예민한 사람은 '정보지향적'인 판단을 내리는 경향이 있다. 마음에 걸리는 문제가 있으면 확실하게 확인하려고 들고, 남의 의견이나 사회의 흐름보다는 정확하게 수치로 표현된 정보를 더 신뢰한다. 이런 정보가 없을 때는 불안함을 느끼기도 한다. 따라서 이들을 설득할 때는 말이나 분위기를 내세우기보다 "우선 이 보고서부터 봐주십시오" 하고 자료를 제시한 후 가만히 자기 스스로 정보를 받아들이고 이해할 수 있게 해줘야 한다. 또한 정보가 눈앞에 제시되면 그 진위를 확인하고자 내용을 꼼꼼하게 확인하려고 들 테니 자료의 완성도에 신경을 써야 한다.

045

회의에서 반대 의견을 봉쇄하고 싶을 때

최소 세 명의 아군을 만들어라

인간은 다수파의 의견에 끌려간다

심리학자 애쉬(Solomon Asch)가 실시한 실험에 따르면, 혼자서는 쉽게 정확한 답을 맞히던 사람들이 다른 다수의 참가자가 오답을 가리키자 24%의 사람만이 정답을 고수했다고 한다. 나머지 사람들은 다수의 오답에 영향을 받아 정답이 아닌 오답을 선택했다. 이것이 바로 '다수 의견'의 힘이다. 심리학자 밀그램(Stanley Milgram)도 군중심리를 조사했는데, 똑같은 행동을 취하는 바람잡이가 세 명 이상이면 피험자의 약 60%가, 바람잡이가 다섯 명 이상이면 피험자의 약 80%가 바람잡이들의 행동을 따라 했다고 한다. 만약 회의에서 반대 의견을 봉쇄하고 싶다면 사전에 당신의 의견에 찬성해줄 동료를 적어도 세 명 이상은 모아두자.

> 인간은 다수의 의견에 쉽게 동조하는 모습을 보입니다.

> **TIP** 다수의 힘을 증명한 애쉬의 실험
>
> 애쉬는 여덟 명의 남자 대학생 그룹에게 한 가닥의 선이 그려진 견본 카드를 보여주었다. 그리고 길이가 각각 다른 세 가닥의 선이 그려진 카드를 보여주면서 견본에 나온 선과 길이가 똑같은 선은 어느 것이냐고 물었다. 이때 여덟 명 중 일곱 명은 일부러 오답을 이야기하는 바람잡이였다. 바람잡이들이 오답을 이야기한 후에 피험자에게 답을 물었더니, 피험자들의 3분의 1이 바람잡이의 대답에 동조하여 오답을 골랐다고 한다.

046 흔들림 없이 같은 의견을 반복해서 주장해라

다수의 의견은 의외로 부서지기 쉽다

프랑스의 심리학자 모스코비치(Serge Moscovici)는 집단 속의 소수파가 다수파에 영향을 끼치는 '소수의 영향(Minority Influence)'을 실증한 인물로 유명하다. 그에 따르면 실적이 없는 사람일지라도 자신의 의견이나 주장을 확고하게 반복하며 일관된 태도를 보이면 다수파의 의견을 무너뜨릴 수 있다고 한다. 몇 번이고 반려했는데도 "이 상품은 반드시 팔립니다!" 하고 같은 기획서를 계속 제출하면 다수파 안에서 "어쩌면 저 친구의 말이 맞을지도 몰라"라는 분위기가 형성되어 결국 그 기획이 받아들여지게 될 가능성이 있다.

047 상담을 요청해서 끌어들여라

한 배를 탔다고 생각하게 만들자

회의 자리에서 '내 편'이기를 원하는 사람이 있다면 직접적으로 내 편이 되어달라고 부탁하기보다 상담부터 요청하는 것이 좋다. "이런 의견이 있습니다만, 어떻게 보십니까?" 하고 계속 조언을 구하다가 막판에 가서 그 사람에게 "저 좀 도와주실 수 없습니까?" 하고 부탁을 해보자. 이제까지 상담에 응해주었던 상대방으로서는 '어차피 한 배를 탄 거나 진배없는데 도와줄까?' 하는 마음이 들게 된다. 이렇게 상대방을 조금씩 끌어들임으로써 상대가 거절하기 어렵게 만드는 것을 '자아관여(Ego-involvement)의 법칙'이라고 부른다.

회의 분위기를 고조시키고 싶을 때 ①

탁자를 원형으로 바꿔라

원형 탁자는 '상하관계'가 강조되지 않는다

일반적으로 회사 회의실에는 직사각형 탁자가 놓여 있다. 각진 탁자는 상석을 정하기 쉽고 회의를 주관하는 사람이 전체를 바라보기 좋다는 장점이 있다. 이에 비해 원형 탁자는 상석을 정하기 어려워서 참가자가 대등하게 의견을 나누게 된다는 장점이 있다. 한 실험에 따르면, 대학교수가 학생을 면접하는 상황에서 각진 탁자보다 원형 탁자를 사용했을 때 교수에 대한 학생의 인상이 더욱 '친근했다'고 한다. 원형 탁자는 상하관계가 강조되지 않아서 회의 분위기를 고조시키고 싶을 때 도움이 된다.

왁자지껄~

049

회의 분위기를 고조시키고 싶을 때 ②
좁은 공간에서 회의해라

회의 참가자 수와 공간 크기의 균형을 확인하자

1평 정도의 작은 공간과 11평 정도의 큰 공간에서 네 명에게 게임을 시키면 어떻게 되는지를 알아본 실험이 있다. 네 명이 협력한 경우에는 전원이 4달러씩 받고, 경쟁이 붙은 경우에는 승자가 전액을 받는 것이 게임의 규칙이었다. 남성끼리 게임을 했을 때는 좁은 공간에서 경쟁적이었고, 넓은 공간에서 협력적이었다(여성은 이와 반대). 즉 혼잡한 상황에 놓이면 남성은 공격적이고 경쟁적인 모습을 보인다. 남성 중심의 회의를 진행할 경우 활발하게 논의를 펼치고 싶다면 혼잡한 공간에서 회의를 진행하자.

050 400자 원고를 1분간 읽어라

프레젠테이션은 다소 느긋하게 진행하자

프레젠테이션을 잘하고 싶은 사람은 아나운서나 뉴스캐스터의 '말하기 노하우'를 참고하면 좋다. 중대한 뉴스든 가벼운 이야깃거리든, 이들은 똑같은 속도로 원고를 읽는다. 설득력은 그런 차분한 어조에서 나온다. 한 연구에 따르면, 가장 듣기 쉽고 설득력이 느껴지는 스피치 속도는 '1분에 400자'라고 한다. 이는 실제로는 다소 느린 듯한 속도다. 미국에서는 조금 빨리 말하는 사람이 지적으로 여겨진다고 하는데, 우리는 이와 달리 다소 여유를 가지고 말하는 사람에게서 '지적이고 논리적인' 인상을 받는다.

프레젠테이션 울렁증을 없애고 싶을 때 ①
감정 전환 스위치를 만들어라

울렁증은 훈련으로 극복할 수 있다

'울렁증'으로 고민하는 사람 중에는 성실한 노력가에 완벽주의적인 성격의 사람이 많다. 이 울렁증을 극복하는 데는 '스톱법'이 도움이 된다. 즉 패닉 상태를 대비해서 평정심으로 되돌릴 수 있는 스위치를 준비한다. 가령 손목에 고무줄을 끼고 있다가 긴장이 느껴지는 상황이 오면 탁 하고 고무줄을 당기자. 그러면 통증이 느껴지면서 긴장감에 빠지려고 했던 정신이 차분해진다. 이를 평소에 여러 번 반복하여 습관을 들여놓으면 언제든 고무줄을 튕겨서 감정을 전환시킬 수 있다.

긴장해서
아무 생각이 안 날 때도
순간적으로 평정심을
되찾을 수 있습니다.

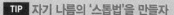

TIP 자기 나름의 '스톱법'을 만들자

기분을 전환시키는 스위치는 꼭 고무줄이 아니어도 된다. 컵의 물을 마셔도 좋고, 손등을 꼬집어도 좋고, 어떤 단어를 내뱉어도 좋다. 핵심은 여러 번 반복하여, 스위치를 켜는 동시에 감정이 전환되도록 훈련을 하는 것이다. 몸이 익숙해지면 혹여 머리가 하얘지는 난감한 상황이 찾아와도 순간적으로 냉정을 되찾을 수 있다.

프레젠테이션 울렁증을 없애고 싶을 때 ②

바로 이야기를 꺼내지 않는다

기다리게 한 쪽이 우위를 차지한다

프레젠테이션에서의 첫 번째 난관은 '말문 열기'다. 일반적으로 남들 앞에서 말하는 데 익숙하지 않은 사람일수록 긴장감으로 인한 울렁증을 겪게된다. 이럴 때 심리학적인 대처법을 소개하자면 '당장 말문을 열려고 하지말라'는 것이다. "저…" 하고 일단 입부터 떼놓고 말하기를 잠깐 멈춰보자. 그러면 그 자리에 있는 사람들에게 당신은 '현재진행형'인 신경 쓰이는 존재가 된다(038 '미완성 효과' 참조). 당신은 '기다리게 한 쪽', 상대는 '기다린쪽'이 되어 당신이 심리적으로 우위에 설 수 있다. 일단 말을 시작하기 전에 이런 상황부터 만들어놓고 천천히 이야기를 시작해보자.

053 가짜 기획도 함께 제출해라

'다른 것에 비해 좋아 보이는 효과'를 노리자

백화점에서 고가의 상품을 둘러보고 온 후에 일반 슈퍼에 가면 평소에는 비싸서 사지 않던 멜론이 상대적으로 싸게 느껴진다. 이를 '대비 효과'라고 한다. 음식 가격이 '12,000원/15,000원'인 가게에서는 12,000원의 메뉴를 선택하기 쉽지만, '12,000원/15,000원/20,000원'인 가게에서는 15,000원의 메뉴를 선택하게 된다. 이는 20,000원짜리 메뉴가 있어서 15,000원이 상대적으로 싸게 느껴지기 때문이다. 꼭 통과시키고 싶은 기획이 있다면 질이 낮거나 실현가능성이 희박한 가짜 기획과 함께 제출해보자. 그러면 진짜 기획에 대한 평가가 올라간다.

054
내 이야기가 흥미롭게 들리길 바랄 때
먼저 본론부터 꺼내라

반응에 따라 본론을 꺼낼 타이밍이 다르다

심리학에서는 무난한 이야기로 시작해서 재미있는 본론으로 들어가는 화법을 '점층(Climax)화법'이라고 부르고, 단도직입적으로 결론을 말해놓고 설명을 덧붙이는 화법을 '점강(Anticlimax)화법'이라고 부른다. 이 두 화법은 상황에 따라 효과가 다르게 나타난다. 자신의 이야기에 흥미를 보이고 있을 때는 점층화법이 효과적이고, 들을 준비가 되어 있지 않거나 이야기의 내용에 흥미를 보이지 않을 때는 점강화법이 효과적이다.

'임기응변'으로는
확신에 찬 프레젠테이션을
진행할 수 없습니다.

TIP **프레젠테이션에서 가장 뛰어난 기술은 바로 '준비'다**

프레젠테이션을 효과적으로 이끌어가기 위한 기술을 몇 가지 소개했는데, 가장 중요한 핵심은 '확신을 가지고 이야기하는 것'이다. 그러려면 무엇보다 프레젠테이션 준비를 철저히 해야 한다. 제32대 미국 대통령 루스벨트는 1분간의 연설 원고를 준비하는 데 1시간이 걸렸다고 한다. 충분히 준비했다는 자신감이야말로 설득력의 원천이다.

055 모두가 하고 있다고 강조한다

남이 선택하면 나도 안심하고 선택하는 법이다

줄을 서는 음식점에는 왜 사람이 끊이지 않는 걸까? 근처에 다른 음식점이 있어도 사람들은 줄을 선 음식점에만 모여든다. 이는 이미 다른 사람이 선택했다고 하는 사실에 가치를 부여하고 마음을 놓기 때문이다. '다들 하니까 나도 해야지'라는 마음을 심리학에서는 '동조 행동'이라고 부른다. "남들도 한다"는 말은 상대방의 마음을 움직이는 매력적인 동기가 될 수 있다. 따라서 물건을 판매할 때 "다른 분들은 이미 하고 계십니다"처럼 사람을 혹하게 만드는 말을 군데군데 넣으면 효과가 좋다.

056 비밀이라며 이야기해라

기대에 부응하고 싶게 만들자

"이건 비밀입니다만…" 하고 말문을 열면 '나를 믿고 이런 정보를 알려주는구나' 하고 호감을 갖는다. 그리고 '믿어주는 만큼 나도 그 기대에 부응해야겠다'라는 생각을 한다. 이렇게 '당신에게만 알려주겠다'라고 하는, 상대를 제한하는 화법은 세일즈 토크에서 큰 효과를 발휘한다. 한편 비밀이라면서 주목을 끌어놓고는 별 볼 일 없는 이야기만 늘어놓는 사람도 있다. 이런 사람의 이야기는 대부분 과장이겠거니 하고 대충 흘려듣게 되므로 '이 자리에서만 털어놓는 이야기'는 정말 필요한 순간에만 꺼내야 한다.

057 손해 보기 싫은 마음을 노려라

지금 당장 하지 않으면 손해를 본다고 생각하게 만들자

056의 "비밀입니다만…"이 '상대방'을 제한하는 화법이라면 '기간'을 제한하는 방법도 있다. 이 화법 역시 효과가 크다. 예를 들어 "금요일에만 10% 할인합니다" 혹은 "이것만 다 팔리면 더는 할인하지 않습니다"라고 말하면 된다. 이런 소리를 들으면 사람들은 '지금 사지 않으면 나중에는 비싸지겠지?(다른 사람이 사가겠지?)'라는 생각에 사로잡힌다. 이를 '바겐세일의 심리'라고 부르는데, '지금(은 어떻게 좋은지)'와 '나중(은 어떻게 나쁜지)'의 차이를 드러내면 꼭 세일 때가 아니더라도 어떤 상황에서든 상대방에게 '지금 행동하지 않으면 손해'라는 동기를 부여할 수 있다.

058 자료보다 실물을 제시해라

마음은 이론보다 체험에 강하게 반응한다

'실제 체험'은 인간의 마음에 매우 큰 영향을 끼친다. 마음은 이론보다 체험에 강하게 반응한다. 어떤 실험에서 담배를 많이 피우는 학생들에게 의사에게 '암 선고'를 받는 체험을 하게 했더니 '폐암 환자' 역할을 맡은 학생들 대부분이 체험 직후에 금연을 시작했다고 한다. 그만큼 '체험'의 영향력은 강력하다. 어떤 상품을 팔고 싶다면 말로 이러쿵저러쿵 설명하기보다 "무료로 2주간 빌려드립니다"와 같이 실물을 써보게 하는 편이 낫다.

059 결점을 좋게 돌려서 말해라

같은 정보라도 '표현 방식'에 따라 느낌이 다르다

같은 정보라 하더라도 '어떤 말로 표현하느냐'에 따라 느낌이 크게 달라지는 법이다. 어떤 기획을 설명하면서 "실패할 확률이 10%입니다"라고 할 때와 "성공률 90%입니다"라고 할 때 느낌이 어떤가. 결국 같은 의미지만 후자가 훨씬 더 긍정적으로 들린다. 동일한 상황인데도 표현 방식에 따라 개인의 판단이나 선택이 달라질 수 있다. 심리학에서는 이를 '프레이밍 효과(Framing Effect)'라고 부른다. 같은 상황이지만 전자는 '부정적 프레임'에 맞춰서, 후자는 '긍정적 프레임'에 맞춰서 이야기하고 있다. 세일즈 토크에서는 '긍정적 프레임'에 맞춰 단점을 전달해야 손해를 최소한으로 줄일 수 있다.

060 나쁜 정보는 빨리 공개한다

미리 공개하면 나쁜 정보에 대한 면역력이 생긴다

예방접종이란 독성을 약하게 한 병원체를 몸에 미리 투여함으로써 면역력을 키우는 것이다. 정보도 마찬가지다. 비즈니스 시에 '독성이 약한 부정적인 정보'를 미리 공개하면 더 나쁜 정보를 이야기하더라도 상대방은 태도를 바꾸지 않는다. 이를 '접종 이론(Inoculation Theory)'이라고 한다. 아무리 작은 리스크라고 해도 나중에 갑자기 들으면 "그렇다면 이 이야기는 없던 걸로 합시다" 하고 심경의 변화를 일으킬 수 있다. 그러나 좋지 않은 상황을 미리 들었다면 좀 더 심각한 부정적인 정보가 들리더라도 동요하지 않는다.

> 부정적인 정보는
> 일찌감치 털어놓는 편이
> 좋습니다.

TIP 정보의 면역력을 밝힌 맥과이어의 실험

미국의 사회심리학자 맥과이어(William J. McGuire)는 '접종 효과'를 알아보는 실험을 실시했다. 그는 피험자를 두 그룹으로 나누고 한쪽에는 '모두가 아는 상식'을, 다른 한쪽에는 '모두가 아는 상식+그 상식에 사실은 반론이 있다는 정보'를 문장으로 읽게 했다. 그 후 양쪽에 '상식에 대한 반론'을 읽게 했더니, 이미 반론의 존재를 알고 있던 그룹이 훨씬 더 높은 비율로 상식을 지지했다고 한다.

제1장 한 장 정리

01 비즈니스 전에는 가능한 한 상대의 가치관과 요구사항을 많이 알아둬야 한다. 그래야 상대방의 감정을 이해할 수 있다.

02 비즈니스 현장에서는 '무대'도 중요하다. 기죽지 않고 당당하게 이야기 나눌 수 있게 장소, 시간, 관계에 신경 쓰자.

03 비즈니스 상대와 심리적으로 거리가 줄어들어야 일이 원활하게 진행된다. 본론에 들어가기 전에 분위기부터 부드럽게 만들자.

04 요구사항을 밀어붙이는 것이 아니라, 상대방이 '자기도 모르는 사이에 자연스럽게 받아들일 수 있는 상황'을 연출하는 것이 포인트다.

05 상대방이 알고 싶어 하는 정보를 거침없이 제시하면 설득하기가 쉬워진다. 같은 정보라도 공개 방식에 따라 인상이 달라짐에 주의하자.

TEST

Q1 언제 부탁해야 부탁을 더 쉽게 들어줄까?
A 화창한 날
B 흐린 날

Q2 보수가 적을 때는 어떻게 부탁해야 할까?
A 상대방이 물을 때까지 보수에 대해서는 말하지 않는다
B "예산이 빠듯해서……"라며 상황이 힘들다는 사실을 털어놓는다

Q3 한겨울의 어느 날, 거래처의 상대방이 "추운 날 오시느라 수고하셨습니다"라고 말한다면 어떻게 대답해야 할까?
A "아닙니다. 이 정도는 아무렇지도 않습니다."
B "올 겨울 들어 제일 춥다더니, 정말 춥네요."

Q4 협상을 유리하게 끌어나가려면 어디에서 이야기를 해야 할까?
A 늘 자신이 다니던 찻집
B 그래도 협상이니까 고급 레스토랑

Q5 망설이는 상대방을 설득하는 데 효과적인 쪽은?
A 아침 일찍 설득한다
B 해가 질 무렵에 설득한다

Q6 흥미를 보이지 않는 상대방에게 이야기를 할 때는?
A 단도직입적으로 본론부터 꺼낸다
B 세상 사는 이야기로 분위기부터 띄운 후에 본론에 들어간다

Q7 꼭 통과되었으면 하는 기획을 제출할 때 효과적인 방법은?
A 그 기획 하나만 제출한다
B 다른 별 볼 일 없는 기획과 함께 제출한다

Q8 회의 참가자들의 의견을 더욱 잘 끌어낼 수 있는 방법은?
A 각진 탁자에 둘러앉는다
B 원형 탁자에 둘러앉는다

ANSWER

Q1→A (003 참조)
Q2→B (007 참조)
Q3→B (011 참조)
Q4→A (014 참조)
Q5→B (041 참조)
Q6→A (054 참조)
Q7→B (053 참조)
Q8→B (048 참조)

부탁을 하거나 협상 시에는
자신의 목적만 생각하지 말고,
항상 '내가 상대방이라면 어떻게 생각할까?'를
염두에 두며 행동해야 합니다.
급할수록 돌아가야 더 좋은 결과를
얻을 수 있습니다.

제 2 장

팀원과 상사를
사로잡는
'인간관계' 심리기술

061

기대한다는 말을 해주자

인간은 타인의 기대에 부응하려고 한다

심리학에서는 어떤 인물에게 어떤 행동을 계속 기대하면 실제로 그 인물이 기대에 부응하는 행동을 한다고 알려져 있다. 이를 '피그말리온 효과(Pygmalion Effect)'라고 부른다. 심리학자 로젠탈(Robert Rosenthal)은 그 이유를 '인간이 상대방의 기대에 아주 민감하게 반응하기 때문'이라고 설명했다. 팀원에게 "이 일은 자네 아니면 부탁할 사람이 없네"와 같이 기대감이 담긴 말을 계속 해보자. 의욕이라고는 찾아볼 수 없는 사람이라 하더라도 상사가 팀원의 능력을 믿어주면 그 팀원은 상사의 기대에 부응하려고 노력하기 시작하고 그 과정에서 성장한다.

062 그 사람만의 장점을 칭찬해라

자존감이 올라가는, 구체적인 칭찬을 한다

팀원을 칭찬할 때는 그 사람의 자존감이 높아지도록 해야 한다. 가령 팀원
이 애를 써서 해외 거래처와의 미팅을 성공적으로 끝마쳤다고 해보자. 이
때 "잘했어, 수고했어"라는 칭찬은 누구에게나 할 수 있는 말이어서 자존
감이 올라가지 않는다. 미팅을 성공적으로 이끈 원인이 뛰어난 어학 실력
이었다면 "이번 일은 자네가 영어를 잘한 덕분이야, 수고했어"라고 구체적
으로 칭찬해야 한다. 넓은 인맥, 해박한 법률 지식, 첨단기술을 다루는 능
숙한 솜씨 등 그 팀원만의 강점을 칭찬하자.

063 조금 적은 대가를 지급한다

보람이 있는 일이라고 생각하게 하자

누구나 꺼려하는 업무를 팀원에게 지시할 때는 사기 저하를 막는 차원에서라도 대가를 지급해야 한다. 그렇다면 대가는 얼마큼이 적당할까? 자신의 생각보다 많은 보수를 받은 사람은 '내 덕에 회사도 이익을 보고 있으니까 이 정도는 당연하지'라며 자신이 이 일을 한 것이 '보수를 받기 위해'라는 것에 집중한다. 반면 본인이 기대한 금액보다 조금 낮은 액수를 지급하면 그 사람은 '보수는 좀 적지만 해낼 가치가 있는 일이야'라며 자기 보수가 아닌 일에 초점을 맞추고 자신을 설득하기 시작한다. 그 결과, 일에 대한 만족감이 생겨서 좀 더 의욕적으로 몰두하게 된다.

064 책임 있는 역할을 맡긴다

책임자로 발탁하여 경험을 쌓게 해보자

'역할연기법(Role Playing)'이라는 심리치료법이 있다. 부모와 자식, 남편과 아내, 교사와 학생 등 관계에 문제가 발생한 사람들에게 서로의 역할을 연기하게 함으로써 이해하고 관계를 회복하게 만드는 치료법이다. 이를 게으른 팀원의 태도를 개선하는 데 활용해보자. 여기에서 핵심은 팀원에게 책임감을 느끼게 만드는 것이다. 예를 들어 "자네에게 맡기면 안심이 돼"라면서 어떤 일의 책임자로 발탁하여 경험을 쌓게 해보자. 미덥지 못한 팀원이라 하더라도 책임 있는 자리에 앉으면 훌륭하게 그 역할을 수행하고자 노력한다.

> 상대방의 처지에 서보면
> 자신의 결점을
> 알 수 있습니다.

TIP **타산지석(他山之石)**

역할연기법에 관한 이런 일화도 있다. 점원의 불성실한 고객응대로 고민하던 한 옷가게 사장이 업계에서 고객응대가 나쁘기로 소문난 곳에 그 직원을 보내 물건을 사오게 했다. 돌아온 점원에게 감상을 물었더니 그 직원은 "점원이 너무 건방져서 화가 났어요"라고 대답했다. 다른 직원의 태도를 보고 자신의 불친절함을 반성한 그 직원은 이후 친절한 점원으로 거듭났다고 한다.

065 '공개선언 효과'를 이용하자

다른 사원들 앞에서 목표를 다짐하게 해라

윗선에서 달성하기 어려운 판매목표를 지시했다고 해보자. 당신이 상사라면 어떤 말을 해야 할까? 모든 팀원에게 "목표 달성을 위해 열심히 뜁시다"라고 할지도 모르겠다. 그러나 그것만으로는 부족하다. 의욕적이지 않은 직원은 '어차피 내가 안 해도 누군가는 하겠지' 하고 요령을 피울 것이다. 이럴 때는 직원들에게 "저는 이런 방법으로 목표를 달성하겠습니다" 하고 구체적인 결의를 선언하게 하는 편이 좋다. 자신의 생각을 남들 앞에서 밝히게 하면 으레 그 생각에 부합되는 행동을 취한다. 이를 심리학에서는 '공개선언 효과(Public Commitment Effect)'라고 한다. 사람들 앞에서 자신의 결심을 공개적으로 선언하면 그 생각을 끝까지 고수하여 실천할 확률이 높아진다.

팀원의 잠재능력을 끌어내고 싶을 때 ①
경쟁심을 부추겨라

비슷한 누군가와 비교하자

사람은 누구나 자신에 대한 평가에 신경을 쓴다. 그래서 자신과 비슷한 처지의 누군가에 빗대어 자신의 수준을 확인하려고 든다. 이를 '사회적 비교 이론(Social Comparison Theory)'이라고 부른다. 이를 이용하면 경쟁을 부추겨서 팀원의 능력을 끌어낼 수 있다. 단, 이것이 효력을 발휘하려면 처지가 비슷한 사람끼리 비교해야 한다. 만약 입사 동기 중에서 비교를 한다면 다른 부서의 A가 아닌, 같은 부서나 같은 과의 B를 거론해보자. "B 그 친구는 이렇게까지 하는 모양이야" 하고 자극을 주면 경쟁심이 불타올라 능력을 발휘하게 될 것이다.

067 기획을 여러 번 퇴짜 놓아라

팀원을 궁지로 모는 것도 방법이다

러시아의 비즈니스 기술 가운데 '반대의 원칙'이라고 부르는 기술이 있다. 철저하게 '반대'를 반복하여 상대국으로부터 타협을 이끌어내는 기술이다. 이 원칙을 응용하면 팀원의 잠재능력을 끌어낼 수 있다. 팀원이 기획서를 제출할 때 처음에는 기계적으로 퇴짜를 놓자. 그리고 두 번째도 퇴짜를 놓는다. 그러면 팀원은 어느 부분이 미흡했을까 하고 신중하게 검토를 하게 된다. 그렇게 해서 가져온 세 번째 기획서는 좀 더 발전되어 있을 것이다. 그러면 솔직한 평을 해주고, 다시 퇴짜를 놓는다. 이쯤 되면 팀원은 필사적으로 지혜를 짜내서 기획서를 다듬고 수정하게 된다. 그런 단계에까지 갔으면 그때 'OK'를 외친다.

> 처음에 기계적으로
> 퇴짜를 놓으면 상사도
> 그 기획을 검토할 시간을
> 가질 수 있습니다.

TIP '퇴짜 세 번'은 자존감이 높은 직원에게만

위의 방법을 아무에게나 써서는 안 된다. 자존감이 높은 팀원은 '퇴짜'를 "수정해!"라고 받아들인다. 자신의 기획이 그렇게 나쁠 리가 없다며 고치면 더 좋아질 것이라고 여긴다. 그런데 자존감이 낮은 팀원은 자신의 능력을 낮게 평가하고 있기 때문에 '역시 글렀나 보네' 하고 낙담한다. '이런 기획을 내봤자 소용없어'라고 지혜를 짜낼 생각조차 하지 않을지도 모른다. 상사는 팀원의 내면까지 살필 줄 알아야 한다.

068 감정적으로 야단치지 마라

고함을 지르는 것이 엄한 질책은 아니다

상사가 "자네 지금 뭐하는 거야!" 하고 실수한 팀원을 야단친다고 해보자. 그 호통에 '그래, 열심히 해야지' 하고 분발하는 팀원은 많지 않다. 어쩌면 상사에게 악감정만 품게 될지도 모른다. 어떤 행위가 행위자의 의도에서 벗어나 불리한 결과로 되돌아오는 것을 '부메랑 효과(Boomerang Effect)' 라고 한다. 꾸짖을 때는 감정적으로 야단치지 말고 그 팀원을 이해시켜야 한다. 왜 실수했는지, 실수를 해서 어떤 일이 벌어졌는지 이해시키지 못하면 야단쳐봐야 소용이 없다. 화를 내며 호통을 치는 것이 꾸지람은 아니다. 되도록 감정은 빼고 팀원을 걱정하는 마음에서 확실하게 이해시키자.

069 까다로운 업무를 많이 시켜라

업무 지시야말로 호감을 사는 방법이다

최근에는 '나보다 나이 많은 팀원'을 둔 상사도 많다. 이런 팀원과 원활한 관계를 유지하고 싶다면, 조금 의외의 방법일 수도 있는데 업무를 많이 지시해보자. 그러면 연상의 팀원은 연하의 상사인 당신에게 호감을 갖게 될 것이다. 이는 '자아관여'라는 심리 때문에 그렇다. 사람들은 대부분 업무가 늘어나서 귀찮아하기보다 상사가 자신에게 직접 업무를 지시했다는 데 더 큰 의미를 부여한다. 그래서 '나를 믿고 업무를 맡겼는데 기대를 저버릴 수야 없지. 내 실력을 보여주자' 하고 기쁘게 협력하려고 든다.

나중에 꾸짖을 때는 온화하게 이야기하자

팀원을 질책할 때 꼭 기억해야 할 것 중 하나는 '그 자리에서 따끔하게 꾸짖어야' 한다는 것이다. 시간이 흐르고 난 후에야 "그때 자네가 했던 행동은…" 하고 질책해봐야 효과가 없다. 만약 그 자리에서 질책하지 못하고 나중에 거론해야만 한다면 되도록 부드럽게 이야기하자. 예를 들어 거래처와의 비즈니스 자리에서 팀원이 실수를 하면 그 자리에서 야단치기가 어렵다. 이럴 때는 회사로 복귀한 후에 야단쳐야 하는데, 시간이 흐르면 본인도 '내가 아까 실수를 했구나…' 하고 후회를 하게 된다. 그런 감정에 결정타를 날리듯이 호된 질책을 퍼부어서는 안 된다.

그 자리에서

나중에

단호하게

부드럽게

071 팀원을 효과적으로 꾸짖고 싶을 때 ②
질책에 대한
명확한 기준을 세워라

팀원이 예상할 수 없는 일로 꾸짖으면 안 된다

긍정심리학의 대가 셀리그만(Martin Seligman)과 그의 동료는 흥미로운 실험을 진행했다. 이들은 개를 어떤 장치에 넣어놓고 빨간불이 들어오면 버튼을 누르고, 초록불이 들어오면 누르지 않도록 훈련을 시켰다. 빨간불일 때 버튼을 누르지 않으면 전기 충격이 가해진다. 이 훈련이 끝난 후 이번에는 빨간 버튼을 눌러도 전기가 가해지도록 했다. 그랬더니 개는 어떤 불이 들어와도 버튼을 누르지 않고 그저 전기 충격만 받아들였다고 한다. 이개의 무력감을 '학습된 무력감(Learned Helplessness)'이라고 부른다. 팀원을 질책할 때 일관성이 없으면 마찬가지의 결과를 초래하게 된다.

팀원을 효과적으로 꾸짖고 싶을 때 ③

여성이라고 미지근하게
야단치지 마라

질책할 때는 제대로 질책해야 한다

남성 사원은 자신을 질책한 상사에게 반발하여 더 노력하려고 드는 경향이 있는 반면, 여성 사원은 질책 후에 무기력해지는 경향이 있다고 한다. 자신이 무능해서 꾸지람을 받았다고 여기기 때문이다. 그렇다고 미지근하게 에둘러서 말해봤자 이 우울함을 막을 수는 없다. 본인 스스로 잘못했다고 느끼고 있는데 "다음에 더 잘하면 되지" 하는 정도의 주의만 받으면 '내 행동에 대해 사람들이 별 관심을 갖고 있지 않구나' 하는 생각이 들고, 이 생각이 우울함과 무기력감을 불러일으킨다. 남성이든 여성이든 질책할 때는 제대로 확실하게 질책하자.

073 팀원의 인격을 존중한다

실패 원인을 외적으로 귀속시킬 수 있게 질책해야 한다

성공이나 실패의 원인을 자신의 노력에서 찾는 것을 '외적귀속', 자신의 적성이나 능력의 유무에서 찾는 것을 '내적귀속'이라고 부른다. 실패의 충격이 큰 쪽은 당연히 후자다. 따라서 상사는 부하가 어떤 일을 해내지 못했을 때 그 원인을 외적으로 귀속시킬 수 있게 질책해야 한다. 어느 부분이 부족했는지를 구체적으로 지적해주면 좋다. 또한 질책하면서 "자네한테는 이 일이 안 맞는 것 아닐까?"와 같은 말을 말해서는 안 된다. "자네가 그래서 안 되는 거야"와 같은 말도 금물이다. 인격을 무시하는 질책도 바람직하지 않다.

> 칭찬할 때는
> 결과와 노력만
> 칭찬합시다.

TIP 칭찬도 외적으로 귀속시킬 수 있게 한다

일을 잘 처리해서 칭찬을 할 때도 "자네가 열심히 한 덕분이네"와 같이 성공 원인을 외적으로 귀속시킬 수 있게 칭찬해야 이후에도 좋은 결과를 이끌어낼 수 있다. 좋은 결과를 냈을 때 "자네가 능력이 뛰어나서 잘 된 거야"라고 칭찬하면 나중에 실패했을 때 '내가 능력이 없어서 실패했구나'라고 생각하게 된다. 사원들이 평소 자신의 능력 유무로 모든 일을 판단하지 않도록 질책할 때나 칭찬할 때나 '노력'에 초점을 맞추자.

업무를 나눠서 책임지게 한다

다 같이 하자는 말은 좋지 않다

상사가 팀원에게 지시를 내릴 때 "다 같이 협력해서 해냅시다"와 같이 두루뭉술하게 말해서는 안 된다. 독일의 심리학자 링겔만(Max Ringelmann)은 줄다리기를 이용한 실험에서 참가자가 늘수록 개인이 내는 힘의 크기가 줄어든다는 사실을 발견했다. 이런 현상을 '링겔만 효과(Ringelmann Effect)' 또는 '사회적 태만(Social Loafing)'이라고 부른다. 이를 막으려면 구성원에게 각각의 업무를 할당하여 책임을 지게 해야 한다. 이렇게 하면 근무에 태만한 직원이 줄어들고 업무 효율이 올라간다. 상사의 역할은 책임 분담을 확실하게 하여 구성원들의 힘을 하나로 모으는 것이다.

075 계획서를 제출하게 해라

할 수밖에 없는 상황을 만들자

어떤 업무를 지시하면 "네, 알겠습니다" 하고 대답은 잘 하는데 실제로 일은 잘 해놓지 않는 직원이 있다. 특히 목표를 달성하고자 하는 의욕이 낮은 사람일수록 이런 경향을 보인다. 이런 직원에게 업무를 지시할 때는 구체적으로 언제까지, 어떤 방법으로 할지 말로 보고하게 하거나 간단한 메모로 제출하게 해보자. 이렇게 하면 빠져나갈 구멍이 없어진다. 회의 중에 참신한 제안을 한 직원이 있을 때도 보고서로 정리해서 제출하게 해보자. 더욱 확실하게 안건을 실행할 수 있다.

076 지나치게 협박하지 마라

해고하겠다는 협박이 효과적일까?

미국의 심리학자 재니스(Irving Janis)와 페슈바하(Noma Feshbach)는 충치 예방 강의에 참가한 사람들을 세 그룹으로 나누어 A그룹에는 충치 말기의 끔찍한 증상을, B그룹에는 다소 순화된 내용을, C그룹에는 불쾌한 내용이 없는 콘텐츠를 보여주면서 치아 관리에 대한 강의를 진행했다. 그 결과, 강의 직후에는 A그룹이 충치에 대한 불안감을 가장 많이 나타냈지만 이후에 양치질을 가장 잘 한 그룹은 C그룹으로 밝혀졌다. "자네, 계속 이런 식이면 해고야!"라고 아무리 강하게 으름장을 놓아도 그 효과는 오래가지 못한다.

> 자신의 이득을 최대치로 끌어올리기 위해서라도 협박을 해서는 안 됩니다.

TIP 으름장을 놓으면 거래를 성공시킬 수 있을까?

한 실험에 따르면, 서로 아무런 협박도 가하지 않았을 때 서로의 이익이 최대가 되고, 서로 협박을 가했을 때 서로의 이익이 최저가 된다고 한다. 또한 한쪽만 협박할 수 있을 경우에는 협박할 권리를 갖고 있지 않은 쪽의 손실이 쌍방이 협박할 권리를 갖고 있는 경우에 비해 더 적었다고 한다. 이를 참고로 자신이 어떤 방법으로 비즈니스를 진행하고 업무를 지시하는지를 되돌아보자.

077 적당히 얼러라

상사의 본심을 추측하게 만들자

076의 실험 결과를 보더라도, 팀원의 나쁜 태도를 고치려면 강하게 협박하기보다 적당히 어르는 편이 더 낫다는 것을 알 수 있다. 구체적인 예를 들자면, "이대로 가면 진급 심사에 통과되지 못할 수도 있어"와 같은 정도가 적당하다. 정도가 약한 협박은 상대방을 강제하는 힘이 약하다. 그렇지만 일단 그런 말을 들은 직원은 '왜 그런 소리를 하셨지?'라며 상사의 본심을 생각하게 된다. 이것이 약한 협박의 효과다. 스스로 고민한 팀원은 좀 더 적극적으로 업무에 열중하게 될 것이다.

고된 업무 지시라도 팀원이 받아들이길 바랄 때

의연하게 권위를 내보여라

인간은 권위에 복종한다

밀그램은 권위에 대한 복종심을 알아보기 위해 실험을 했다. 두 연기자에게 각각 교수와 학생 역할을 시키고, 교수가 학생에게 문제를 내도록 했다. 그리고 이것이 연기인 줄 모르는 피험자에게 체벌을 통해 학습 성과를 개선하는 실험 중이라며 학생이 문제를 틀릴 때마다 강한 전기 충격을 가하도록 했다. 그 결과, 많은 사람이 교수의 말에 따라 학생에게 전기 충격을 가했다고 한다. 이것이 그 유명한 '밀그램의 실험'이다. 인간은 정당한 권위를 가진 사람의 명령이라면 아무리 이치에 맞지 않더라도 받아들이려는 모습을 보인다. 상황이 여의치 않아 팀원에게 고된 업무를 지시해야 할 때는 의연하게 상사의 권위를 내세워보자.

079
실패담을 이야기해라

자신을 드러내면 친밀도가 올라간다

팀원이 말도 안 되는 실수를 저질렀을 때 당신이 상사라면 어떻게 하겠는 가. "이제까지의 경력이 얼만데 이런 실수를 저지르나!" 하고 화부터 내면 안 그래도 자괴감에 빠져 있을 팀원을 벼랑으로 몰게 된다. 만약에 그 직 원이 후회와 반성을 하고 있다면 "자네한테만 하는 말이지만, 나도 예전에 자네와 똑같은 실수를 저지른 적이 있어" 하고 이야기를 해보자. 심리학에 서는 자신의 사적인 약점을 드러내 상대방에게 호감을 갖게 하는 일종의 대인관계 기술을 '자기 드러내기(Self Disclosure)'라고 한다. 이는 인맥을 넓히는 데도 효과가 있다. '탁 털어놓고' 말하면 상대방의 마음을 가져올 수 있다.

친근하게 자주 대면해라

얼굴을 마주대할수록 호감이 가는 법이다

자주 만날수록 호감을 느끼게 되는 현상을 심리학에서는 '단순 노출 효과'
라고 부른다. 그렇다면 직장에서는 어떨까? 직원들끼리 날마다 만나기는
하지만 모두에게 이 효과를 기대하기는 어렵다. 상사인 당신이 팀원과의
사이에서 이 효과를 노리고 싶다면 팀원과 확실하게 얼굴을 맞대야 한다.
텔레비전 광고도 그 광고를 제대로 보지 않은 사람에게는 효과나 나지 않
는다. 팀원들이 당신에게 호감을 갖고 있지 않다면 개개인에게 친절한 태
도로 말을 거는 일부터 시작해보자.

081 비공식 네트워크에 들어가라

팀원의 '친화 욕구'를 채워주자

회사에는 업무상 필요한 공적(Formal) 네트워크와 개인적인 친분으로 형성된 비공식적(Informal) 네트워크가 존재한다. 후자는 직원들의 연애 이야기라든가 개인적인 고민이 이야깃거리로 떠오르는 네트워크다. 회사 생활을 할 때는 이 두 가지를 혼동해서는 안 된다. 일반적으로 사람은 불안한 일이 있을 때 서로가 속속들이 아는 상대방을 만나 이야기를 나누고 싶어 한다. 이를 '친화 욕구'라고 부른다. 팀원의 비공식적인 네트워크를 파악하여 그 안에 들어갈 수 있는 상사는 부하의 친화 욕구를 채워줄 수 있어 큰 신뢰를 얻을 수 있다.

082 업무를 전적으로 맡겨라

팀원은 자신을 믿고 맡겨주는 상사를 따른다

일을 맡겨놓고 이것저것 잔소리를 하다가 급기야는 팀원에게 불쾌감까지 안겨주는 상사가 있다. 이래서는 곤란하다. 관리직은 세세한 것까지 맡아서 처리하는 자리가 아니다. 업무를 분담하고 맡겨야 팀원도 경험을 쌓을 수 있다. 한 프로젝트의 책임자로 팀원을 발탁했다면 "어려운 일이지만 자네가 해보고 싶은 대로 열심히 해보게" 하고 전적으로 맡겨보자. 그 직원은 사기를 불태우며 열심히 일할 것이다. 믿고 맡겨주는 사람이 옆에 있을 때 일을 더 잘하게 되는 현상을 '사회적 촉진(Social Facilitation)'이라고 부른다. 팀원이 잘 따르기를 원한다면 팀원의 역량을 키우는 데도 신경을 쓰자.

> 조금 무리를 해서라도 업무를 맡겨야 책임감과 실력을 기를 수 있습니다.

TIP 일류 경영자들은 업무를 맡기는 데 선수였다

'마쓰시타전기(현 파나소닉)'를 설립한 마쓰시타 고노스케도, '혼다'의 창업자인 혼다 소이치로도 일단 팀원에게 업무를 맡기면 가타부타 잔소리를 하지 않았다고 한다. 그들은 그만큼 팀원을 믿었다. 이들이 대기업의 반열에 올라설 수 있었던 까닭은 아마도 팀원들이 그 믿음에 보답하기 위해 열심히 노력했기 때문일 것이다. 팀원이 성장하느냐 마느냐는 상사가 얼마나 업무를 잘 맡겨주느냐에 달려 있다.

083 사전에 합의를 도출하라

적합성을 유지하는 것이 중요하다

팀원이 둘 있다고 치자. A는 일을 잘하고 B는 잘 못한다. 당신은 B를 낮게 평가하고, A도 B를 탐탁지 않게 여긴다. 이때 당신과 A는 같은 방향을 추구하고 있고, 이를 다른 말로 '적합성'이 있다고 말한다. 그런데 어느 순간부터 당신이 B의 일처리를 높게 평가하기 시작했다. 그러나 B에 대한 A의 평가는 바뀌지 않았다. 이때 A는 당신에게 불신을 느끼고 반항하기 시작한다. 이러한 A의 태도는 적절치 못하지만 어쩔 수 없는 경우가 있다. 이럴 때는 B를 높게 평가하기 전에 먼저 A에게 "이 기획 좋아 보이는데, 그렇지 않아?" 하고 사전에 합의를 구해야 한다. 다루기 어려운 팀원과 가능한 한 적합성을 유지하기 위해서다.

084 말하게 하고 잘 들어줘라

말을 하면 불안감이 해소된다

프로이트(Sigmund Freud)는 심리치료를 시작할 때 환자에게 마음속에 있는 이야기를 꺼내게 하여 좋은 결과를 이끌어냈다. 이를 '대화 치료(Talking Cure)'라고 부른다. 본래 팀원의 불만을 수렴하는 것이 상사의 역할이지만, 무턱대고 "혹시 자네 불만이 있나?" 하고 물어봐야 "아닙니다, 없습니다"라는 답이 돌아올 것이 뻔하다. 이럴 때는 '대화 치료'를 응용해 보자. 중요한 것은 팀원이 말을 많이 하게 하는 것이다. 상사는 하고 싶은 말이 있어도 가만히 참고 들어주는 편이 좋다. 그러면 팀원의 감정이 정리되면서 무엇이 문제인지 알 수 있다. 수다를 떨면 그것만으로도 기분이 나아지는 법이다.

085
회사 밖 인맥을 어필해라

'후광 효과'를 활용하자

사람은 남을 평가할 때 그 사람의 사회적 지위, 학력, 경력 등을 기준으로 전체를 평가하는 경향이 있다(016 참조). 물론 비즈니스는 실적의 세계다. 팀원은 무엇보다도 실적이 뛰어난 상사를 따르려고 하고, 이런 상사의 지시라면 설령 좀 버거운 업무라고 해도 군말 없이 수행하려고 든다. 만약 실적 이외의 후광 효과를 노리고 싶다면 자연스럽게 회사 밖의 인맥을 어필해보자. 거래처의 차장이나 다른 임원진과 친한 사이라는 사실이 알려지면 팀원의 시선이 조금은 달라질지도 모른다. 단, 거물 정치인과의 있으나 마나 한 관계처럼 내실이 없는 친분을 자랑하면 오히려 낮은 평가를 받는다.

상사를 내 손바닥 위에 올려놓고 싶을 때 ①
사근사근하게 굴어라

상사의 '자존감'과 '친화 욕구'를 채워주자

능력 있는 상사를 따르기는 쉽다. 그러나 아직 연공서열이 남아 있는 사회에서는 무능력한 사람이 상사가 되기도 한다. 그런 상사와는 그다지 행동을 같이하고 싶어 하지 않는 것이 팀원들의 속내다. 그러나 상사의 부름이나 지시에 둔한 반응만 보인다면 상사의 '자존감'과 '친화 욕구'가 채워지지 못해서 당신에게 불합리한 악의가 가해질 수도 있다. 내키지 않더라도 직장 상사에게는 사근사근하게 구는 편이 좋다. 반대로, 당신이 상사인데 팀원이 당신의 지시나 이야기에 미적지근한 태도를 보인다면 자신이 인정을 받지 못하고 인기가 없음을 자각하자.

087 살짝 깎아내렸다가 띄워줘라

'역설적인 평가'로 상사의 자존감을 세워주자

이런 실험이 있었다. 피험자 귀에 넌지시 들어가도록 네 개의 소문을 퍼뜨렸다. ①시종일관 피험자 칭찬하기, ②헐뜯었다가 칭찬하기, ③계속 헐뜯기, ④칭찬했다가 헐뜯기. 피험자는 어떤 이야기에 가장 좋은 인상을 받았을까? 실험 결과는 ②였다고 한다. 내 편으로 만들고 싶은 사람을 칭찬하려면 '부정적인 이야기 뒤에 긍정적인 이야기'를 하는, 다소 역설적인 평가를 내놓는 것이 더 효과적이다. 단, 상사의 결점을 너무 적나라하게 지적한다거나 업무 처리 능력을 치켜세우는 태도는 가능한 한 피해야 한다. 상사가 업무에 정통한 것은 당연한 전제다.

부장님은 잔소리가 좀 많으시지만, 그 덕에 실수도 많이 줄었죠.

088 상사와 같은 메뉴를 주문해라

'미러링'을 이용해서 상사의 신뢰를 얻자

친한 사람들끼리는 비슷한 자세나 몸짓을 보이는 경향이 있다. 이를 거울을 보는 듯 닮았다는 뜻에서 '미러링(Mirroring)'이라고 부른다. 가령, 회의에서 같은 의견을 가진 사람은 같은 타이밍에서 비슷한 반응을 보인다고 한다. 상사와 원만한 신뢰관계를 맺고 싶다면 이를 이용해보자. 방법은 간단하다. 상사의 동작을 흉내 내면 된다. 함께 점심을 먹으러 간다면 똑같은 메뉴를 주문하자. 당신이 자신과 똑같은 생각을 지닌 사람이라고 여긴 상사는 당신에게 친근감을 느끼게 된다. 또한 상사가 유능하다면 친근감 때문이 아니더라도 흉내 낼 가치가 충분하다.

089 상사의 말을 따라 해라

'동조 댄스'의 효과를 이용하자

사람들은 흔히 자신에게 동조하는 사람에게 호감을 느낀다. 이를 심리학에서는 '동조 댄스'의 효과라고 부르는데, 행동뿐만 아니라 말을 할 때도 상대방의 어조나 속도에 맞춰서 동조를 해주면 호감을 사기가 쉬워진다. 가령 상사와 둘이서만 미팅을 해야 한다거나 술자리를 갖게 되었다고 해보자. 빠른 시간 안에 친근감을 줄 수 있는 가장 쉬운 방법은 상사의 말을 앵무새처럼 따라 하는 것이다. 상사가 "아까 ○ 부장이 이렇게 말했는데 말이야…"라고 말하면 당신은 "아, ○ 부장님이 그런 말씀을…" 하고 따라 하면 된다. 이야기를 적절히 따라 하기만 해도 상사는 '내 이야기를 잘 듣고 있군' 하고 친근감을 느끼게 된다.

090 상사의 말에 맞장구를 쳐라

먼저 한 맞장구는 잊어버린다

자신의 이야기를 열심히 들어주는 상대방에게 호감을 가는 것은 당연한 일이다. 경청하고 있음을 상대방에게 알리려면 무엇보다도 맞장구를 잘 쳐야 한다. 나도 취재를 나온 사람들에게 매번 느끼는 점이지만, 신나서 이야기를 하게 만드는 사람일수록 맞장구를 잘 친다. 여기다 싶은 타이밍에서 원하는 추임새를 넣어주자. 타이밍이야 때에 따라 다르겠지만, 맞장구치는 기술 하나쯤은 기억해두는 편이 좋다. 즉 이야기의 초반보다는 이야기가 무르익었을 때 맞장구를 많이 쳐야 더 좋은 인상을 남길 수 있다. 이야기 초반의 맞장구는 이야기를 하는 중간에 먼 과거가 되어 기억에서 사라지고 만다.

091 상사의 장점을 찾아내라

사람은 장점보다 단점을 더 잘 찾아낸다

대하기 거북한 상사를 만났다면 피하기보다는 '어떻게 하면 상사와 잘 지낼 수 있을지' 더 적극적으로 고민해보자. 나의 호감도와 상관없이, 누구라도 하나쯤은 장점을 가지고 있다. 한 연구 결과에 따르면, 사람은 상대방의 장점보다 단점이나 결점을 더 잘 찾아낸다고 한다. 그러니 단점이 아닌 장점을 찾아내기 위해선 노력을 해야 한다. 상대방의 장점을 인정하고 호의를 보이면 그 사람도 나의 호의에 보답하고 싶어질 것이다. 이를 심리학에서는 '호의의 보답성'이라고 한다. 상대방과 잘 지내고 싶다면 내가 먼저 호의를 베풀어보자.

092 침묵으로 주춤하게 해라

역동조 댄스로 반격하자

말이나 행동, 태도 등으로 교묘하게 상처를 주는 '정신적 학대(Moral Harassment)'를 가하는 상사가 있다. 이는 사회적인 상식에서 벗어난 행위이므로 가만히 당하고만 있을 필요는 없다. 그런데 이 '가만히 있기', 즉 '침묵'이 정신적 학대에서 벗어나는 유효한 수단이 되기도 한다. '침묵'이라고 해서 속으로 눈물만 흘리라는 말은 아니다. 문자 그대로 말을 하지 말라는 뜻이다. 이는 089의 '동조 댄스'를 반대로 이용하는 것과 같다. 상사가 당신의 인격을 집요하게 공격하거나 분노를 유발하는 행위를 가해 온다면 아무 말도 하지 않고 침묵으로 반격해보자. 침묵은 사람을 불안하게 만든다. 당신의 생각을 읽을 수 없는 상사는 당황해서 공격을 멈추고 주춤할 것이다.

093 두려움에 떨어 방심시켜라

'정신적 학대'를 가하는 사람은 강한 것에 약하다

'정신적 학대'를 가하는 사람은 자기보다 강한 존재에는 약하고, 약한 존재에는 강하게 나간다. 자신이 지배할 수 있는 상대만 골라서 괴롭히는 것이다. 그러면서 자신에게는 정당한 권리가 있고 자신이 정의의 대변자라는 식으로 행동한다. 092의 '침묵'이 별 효과가 없을 때는 아예 대놓고 벌벌 떠는 것도 방법이 될 수 있다. 우선은 상대방의 지배 욕구를 채워놓고 방심하게 만드는 것이다. 그런 다음에 "상무님께 보고하겠습니다"와 같이 그 사람보다 권위가 높은 사람을 이용해서 되받아치자.

094 힘을 빌려 달라고 부탁해라

'역설적인 평가'로 상사의 자존심을 세워주자

092, 093에서 제시한 방법을 써서 상사의 기세가 잠시 꺾었다 해도 이는 근본적인 해결법이 아니다. 이런 상사는 항상 자신이 항상 옳다고 믿어서 반성을 하지 않는다. 그러므로 어떤 형태로든 이런 행동이 나오지 않게끔 해야 하는데, 그중 하나가 지나친 자존감을 역으로 이용하는 것이다. "부디 ○ 과장님의 힘을 빌리고 싶습니다", "이 일은 ○ 대리님밖에 부탁할 사람이 없습니다" 하고 오히려 우월감을 느끼게 해주는 것이다. 이는 '정신적 학대'를 가하지 않는, 자존감이 강한 일반적인 상사에게도 효과가 큰 방법이다.

바빠 보이는 상사와 이야기를 하고 싶을 때
1분만 시간을 내달라고 하자

상사의 '심리적 시간'을 내 편으로 만들자

실제 시간과 심리적 시간은 흐르는 속도가 다르다. 바쁜 상사에게 "잠시 시간 좀 내주시겠습니까?" 하고 말을 걸면 "지금 바쁜데 급한 일 아니면 나중에 하지"라는 답이 돌아오기 십상이다. 그런데 "1분이면 됩니다만, 잠시 드릴 말씀이 있습니다"라고 하면 그 정도는 괜찮겠지 하는 마음에서 이야기에 귀를 기울이게 된다. 결국 이야기가 3분을 넘어선다 하더라도 상사의 심리적 시간은 1분으로 설정되어 있어서 별다른 불평이 돌아오지 않는다.

제2장 한 장 정리

01 팀원과 이야기할 때는 칭찬이든 질책이든 '자존감'을 존중해 줘야 한다. 칭찬할 때는 '그 사람에게만 있는 부분'을 칭찬하고, 질책할 때는 '그 사람의 인격을 부정하지 말아야' 한다.

02 기대감을 드러내고 책임 있는 업무를 전적으로 맡기면 팀원은 빠른 속도로 성장한다. 과도한 참견은 오히려 해롭다.

03 불성실하거나 실수한 팀원을 질책할 때 감정적으로 화를 내거나 지나치게 위협을 가하면 역효과가 난다. 부드럽고 차분하게 접근하자.

04 상사와 친하게 지내고 싶다면 '동조 댄스'나 '자기 드러내기'와 같은 심리 효과를 이용해서 거리감을 좁히자. 이런 심리 효과는 상사와의 관계뿐 아니라 모든 인간관계에 동일하게 적용된다.

TEST

Q1 당신이 팀원을 대할 때는?
A 부담이 되지 않도록 가만히 지켜본다
B 일이 있을 때마다 "자네라면 할 수 있어!"라고 이야기한다

Q2 좋은 실적을 거둔 팀원을 칭찬할 때는?
A "역시 자네는 능력이 있군!"
B "자네가 열심히 노력한 덕분일세!"

Q3 부진한 팀원을 분발하게 하고 싶다면?
A "월급을 깎을 수밖에 없네!"라고 강하게 위협한다
B "이대로라면 좋지 않을 수도 있어"라고 약하게 위협한다

Q4 팀원과 한 잔 마시러 갔을 때는?
A 인생 선배로서 많은 조언을 해준다
B 젊은 시절에 자신이 저지른 실수담을 재미있게 이야기한다

Q5 팀원에게 어필하면 좋을 인맥은?
A 거래처의 임원진이나 부장
B 잠깐 만났던 거물 정치가

Q6 여러 명으로 구성된 하위 조직에 업무를 지시할 때는?
A 다 같이 협력해서 진행하라고 지도한다
B 업무를 세분화하여 각각 분담하게 한다

Q7 상사와 점심을 같이 먹으러 갔다면?
A 상사와 같은 메뉴를 시킨다
B 상사보다 싼 메뉴를 시킨다

Q8 정신적으로 학대를 가하는 상대에 대한 올바른 대처법은?
A 고개를 숙이고 굽실거린다
B 가만히 침묵한다

ANSWER

Q1→B (061 참조)
Q2→B (073 아래 참조)
Q3→B (076 참조)
Q4→B (079 참조)
Q5→A (085 참조)
Q6→B (074 참조)
Q7→A (088 참조)
Q8→B (092 참조)

'진심을 다하면 반드시 통한다'라는
말은 이제 통하지 않습니다.
윗사람이든 아랫사람이든
서로 잘 지내고 싶다면
상대가 호감을 느끼도록
자연스럽게 자신을 어필해야 합니다.

제3장

거짓과 진실을
꿰뚫어보는
'몸짓' 심리기술

096 감춰진 감정을 알아내고 싶을 때
진짜 감정을 알고 싶다면 왼쪽 얼굴을 보라

슬픔, 분노, 공포, 놀라움, 혐오는 왼쪽 얼굴에

사람들은 흔히 상대방의 표정이나 말투로 그 사람의 감정을 짐작하고, 이에 대해 판단이 서지 않으면 불안해한다. 상대방의 감정을 알고 싶다면 다음의 사항을 기억해보자. 한 실험에서 행복, 슬픔, 분노, 공포, 놀라움, 혐오의 감정을 '왼쪽 얼굴'로만 만든 합성사진과 '오른쪽 얼굴'로만 만든 합성사진을 각각 피험자에게 보여주었더니, 많은 피험자가 행복을 제외한 나머지 감정에 대해 왼쪽 얼굴로만 만든 사진의 감정이 더 강해보인다고 대답했다. 상대방의 본심을 알고 싶다면 왼쪽 얼굴을 유심히 살펴보자.

> 오른쪽 눈이
> 아무리 웃고 있어도
> 왼쪽 뺨이 굳어 있으면
> 조심해야 합니다.

TIP 의도적으로 만든 표정일수록 차이가 크다

위의 실험에서 흥미로운 사실은 그 실험에 쓰인 표정이 일부러 만든 표정이었다는 점이다. 의도적인 표정일수록 왼쪽과 오른쪽의 차이가 뚜렷해진다. 따라서 오른쪽 눈이 아무리 웃고 있어도 왼쪽 뺨이 굳어 있다면 그 사람이 현재 기분이 좋다고 섣불리 판단해서는 안 된다. 여배우들에게 어느 쪽 얼굴이 더 마음에 드느냐고 물으면 오른쪽이라고 대답하는 사람이 많다. 이는 오른쪽이 남의 시선을 의식해서 만든 얼굴이기 때문이다.

097

흥미를 느끼면
몸을 앞으로 기울인다

몸을 앞으로 많이 기울일수록 관심이 많다는 뜻이다

운동경기를 관람하다 자기도 모르게 몸을 앞으로 쭉 내민 적이 있을 것이다. 마찬가지로 이야기를 나누는 상대가 내 쪽으로 몸을 숙인다면 내 이야기에 관심을 보이고 있다고 봐야 한다. 그리고 몸을 많이 기울일수록 관심의 정도도 더 크다고 해석할 수 있다. 말하는 사람도 마찬가지다. 중요한 사항을 열심히 이야기할 때는 자연스럽게 몸을 앞으로 숙이게 된다. 한 관찰 실험에 따르면, 수업 중인 교수가 자신이 기대감을 갖고 있는 학생에게 질문을 할 때는 평소보다 더 몸을 앞으로 내민다고 한다. 상대방이 당신 쪽으로 몸을 내밀었다면 당신의 이야기에 흥미를 느꼈을 뿐만 아니라 당신에게 기대감을 갖고 있다고 생각해도 좋다.

098

호의적일 때는
손바닥을 내보인다

손 안쪽을 보여주는 행동은 신뢰의 상징이다

상대방의 마음을 읽고 싶다면 당연히 얼굴 표정과 시선도 봐야겠지만 손이 가지고 있는 중요한 메시지도 놓치지 말아야 한다. 무의식적인 손의 동작만으로도 심리상태를 꿰뚫어볼 수 있다. 상대방이 당신의 이야기에 호의적일 때는 손바닥을 드러낼 것이다. '손바닥 보듯 훤하다'라는 말도 있듯이, 손바닥을 드러낸다는 것은 상대방을 믿고 마음을 열었다는 표시다. 양 팔을 벌려서 탁자 위에 올려놓는 자세도 마찬가지다. 상대방에게 가슴이나 배를 드러내는 자세는 마음을 열어 상대방을 받아들였음을 나타낸다.

> 이야기를 할 때는
> 상대방의 손동작에
> 주목합시다.

TIP 손이 보이는 'NO' 사인

위의 예와 반대로 다음에 열거하는 손동작은 부정적인 사인임을 기억해두자. 대화 도중에 이러한 사인이 눈에 띈다면 서둘러 마무리하고 다른 이야기로 넘어가자.
- **단단히 팔짱을 낀다** : 불쾌감, 거부
- **이마 한가운데를 누른다** : 이해할 수 없음, 거절 이유를 찾는 중
- **탁자를 손가락 끝으로 톡톡 두드린다** : 초초함이나 긴장감을 느끼는 중
- **코를 만진다** : 의구심을 품고 있음
- **탁자 위의 물건을 짓누른다** : 이야기를 끝맺고 싶어 함

099 구미가 당기면 입술을 살짝 핥는다

분위기를 살리고 싶다면 입가부터 풀어주자

일반적으로 혀를 내미는 행동은 거절을 뜻하지만, 혀를 내밀어서 입술을 핥는 행동은 긍정의 사인이다. 문자 그대로 '구미가 당긴다'는 뜻이다. 회의 중에 상대방이 입술을 살짝 핥았다면 이야기의 내용에 흥미를 갖고 있다고 여겨도 좋다. 반대로 입을 굳게 다물거나 입술을 깨무는 행동은 부정의 사인이다. 분해서 눈물을 흘리는 사람의 표정을 떠올려보면 쉽게 이해할 수 있다. 만약 회의에 활기를 띠게 하고 싶다면 우선은 자신의 입가부터 부드럽게 풀어주자.

100 흥미가 없으면 쓴웃음을 짓는다

쓴웃음은 허세를 부리고 있다는 사인이다

누구나 표정을 연출할 수 있다. 웃는 얼굴도 그렇다. 진심과 상관없이 거짓으로 웃기란 그리 어려운 일이 아니다. 그런데 거짓으로 웃을 때는 눈이 웃지 않는다고 한다. 특히나 쓴웃음을 지을 때 그런 경향이 두드러진다. 만약 당신이 영업을 위해 거래처에 나갔는데 상대방이 쓴웃음을 짓는다면, 그 사람이 지금 기분이 좋지 않은데 내게 안 그런 척 허세를 부리고 있구나 하고 짐작하면 된다. 쉽게 말해서 지금은 말할 기분이 아니라는 뜻이다. 이럴 때는 일단 물러났다가 다음에 이야기하자.

101

대화 도중에 지루해하는 사인을 알아채고 싶을 때 ①

자신이 말하기를
원하는 사람은 턱을 괸다

내 이야기를 중단하고 상대방의 이야기를 듣자

턱을 괴면 예의범절에 어긋나는 행위로 여긴다. 그런데도 상대방이 턱을 괸다면? 예의범절을 잊을 만큼 대화에 지루함을 느끼고 있다는 걸까, 아니면 다른 생각을 하는 걸까? 진실이야 무엇이든, 상대방이 턱을 괸다면 이제는 자신이 이야기하고 싶어 한다고 해석해야 한다. 일단 말을 중단하고 상대방이 말하게 하면 좀 더 적극적으로 대화에 참여할 것이다. 만약 혼자 있을 때 턱을 괸다면 자신의 턱을 감싸 안음으로써 불안감을 해소하려는 '자기 친밀 행동'의 일종으로 여기면 된다.

> 상대가 지루해하는지
> 잘 살펴서 대응에
> 실수하지 않도록 합시다.

TIP **만약 상대방이 의자 뒤로 손깍지를 낀다면?**

지루함을 나타내는 사인은 그 밖에도 많다.

- **머리 뒤에서 손깍지를 낀다** : 남성이 많이 하는 행동. 상반신을 젖혀서 몸을 흔든다면 지루해하기 시작했다는 뜻
- **허리에 손을 대고 상반신을 젖힌다** : 얕보고 있다는 뜻
- **의자 뒤로 손깍지를 낀다** : 지루하기는 하지만 근육을 늘려 기분을 전환하려는 중, 들을 마음은 있다는 뜻

132

102 "그렇구나"는 듣지 않고 있다는 반응이다

자신의 의견을 말하고 싶지 않을 때 하는 상투어

"그렇구나"라는 말은 일반적으로 상대방이 한 말을 이해했을 때 하는 말이다. 그런데 대화 도중에 "그렇구나"라는 말을 빈번하게 쓰는 사람이 있다. 일종의 입버릇인데, 이러한 사람은 사실 '그렇구나'라고 생각하지 않는다. 상대의 이야기를 듣는 척할 뿐, 사실은 그냥 흘려듣고 있다. 속으로 '어쨌든 잘 듣고 있는 척을 해두면 괜찮겠지'라고 생각하는 중이다. "그렇구나"라는 말은 상대방에게 동의하는 듯 보이기도 하고 자신의 의견을 말하지 않고 넘어가기에도 좋다. 이와 비슷한 말 중에 "정말?"이라는 말도 있다.

103 탁자를 톡톡 치는 것은 대화를 끝내고 싶다는 뜻이다

요점만 이야기하고 빨리 끝맺자

손을 보면 상대방의 진심을 알아채기 쉽다. 129쪽의 **TIP** 에서도 간단히 언급했지만, 한참 대화를 하고 있는데 상대방이 손가락이나 펜으로 탁자를 톡톡 두드린다면 이야기를 빨리 끝맺고 싶어 하는구나 하고 해석하자. 이는 말하고 있는 상대방에 대한 조급함을 억누르려는 행동일 수도 있고, 무의식중에 상대방의 이야기를 끊고 싶어서 그러는 것일 수도 있다. 혹은 전혀 다른 일로 마음이 초조한 상태일지도 모른다. 어쨌든 이런 초조함의 사인이 보인다면 이야기의 요점만 전하고 서둘러 대화를 끝맺도록 하자.

104 조바심이 나면 자꾸 다리를 바꿔 꼰다

대화 시간이 30분이면 2~4회가 적당하다

의자에 앉아서 이야기할 때는 다리를 벌렸는지, 오므렸는지, 꼬았는지, 다리의 표정으로도 상대방의 심리를 파악할 수 있다. 사람은 과연 어떨 때 빈번하게 다리를 꼬게 될까? 유쾌하지 않을 때, 혹은 조바심이 날 때다. 일반적으로 30분 정도 대화를 나눈다면 다리를 바꿔 꼬는 횟수는 2~4회가 적당하다. 이보다 횟수가 늘면 이야기하는 상대방에게 심리적으로 부담을 느끼고 있다는 사실이 실험을 통해 밝혀지기도 했다. 대화 도중의 상대가 몇 번이고 다리를 바꿔서 꼰다면 화제를 바꾸거나 대화를 끝맺도록 하자.

105

자기 몸을 만지는 행동은
불안하다는 증거다

양심의 가책으로 생긴 불안과 갈등을 속이려는 행위

양심의 가책을 느끼거나 뒤가 켕기는 사람은 갈등이나 불안을 느껴서 얼굴이며 몸, 머리카락 등을 만지게 된다. 자신의 손으로 자기 몸을 만지는 이러한 '자기 친밀 행동'은 마음의 고통, 즉 불안감이나 긴장감 등을 누그러뜨리려는 마음에서 비롯된 것이다. 아이가 불안해할 때 부모가 머리를 쓰다듬어주거나 안아주면 안정을 되찾는 것과 같다. 덧붙이자면, '입가에 손을 가져가는 행동'은 진실을 말할 수 없는 상황을, '머리를 긁적이는 행동'은 불안함이나 긴장감을 나타낼 가능성이 있다.

106

거짓말을 하는지 알아내고 싶을 때 ②
손을 감춘 사람은
진심도 감추고 있다

손의 떨림을 보여주고 싶지 않아서 감춘다

상대방이 손바닥이나 팔을 벌려서 이야기를 듣고 있다면 마음을 열었다는 사인이다. 이와 반대로 내게 보이지 않도록 손을 감추고 있다면 이는 거짓말을 하고 있거나 감추는 일이 있다는 사인이다. 대화 도중에 주머니에 손을 넣는 행동도 진심을 들키고 싶지 않아서 그러는 것일지도 모른다. 뭔가 캥기는 행동을 하면 긴장으로 손이 떨리기도 하는데 이 떨림을 감추고 싶어서 그러는 것이다. 또한 감춘 사실을 추궁 당할 때 코나 눈을 문지르는 것 역시 표정을 감추려는 행동으로 해석된다. 즉 거짓말을 하고 있다는 사인이다.

일전에 부탁한
안건 말인데….

대화 도중에 '지뢰'를 밟고 싶지 않을 때 ①

눈 깜박임이 많아지면
화제를 바꿔라

눈의 깜박임은 긴장과 불안의 사인이다

사람은 긴장을 하면 눈꺼풀을 많이 깜박이는 경향이 있다. 본인은 알아채기 어렵지만, 대화 도중에 갑자기 눈을 깜박이기 시작하면 얼굴을 맞댄 상대방은 금방 알아챌 수 있다. 이는 긴장과 불안의 사인이다. 어쩌면 대화 내용이 상대방이 드러내고 싶어 하지 않는 어떤 부분에 가까이 다가갔는지도 모른다. 그대로 대화를 진행하면 상대방은 당신을 '위험한' 존재로 받아들일 수도 있다. 이럴 때는 화제를 바꿔보자. 또한 힘 있게 눈을 깜박이는 행동은 고조된 긴장감이 공격성을 띠기 시작했다는 징조다.

> 시선은 맞추는 것보다
> 피하는 것이
> 더 어렵습니다.

TIP 계속 시선을 맞추는 것이 힘들어지면…

사실 시선은 맞추는 것보다 회피하는 것이 더 어렵다. 일단 상대의 눈을 보게 되면 '거부당했다는 느낌을 주고 싶지 않다'는 심리에서 시선을 떼지 못하게 된다. 따라서 비즈니스나 미팅에 들어가기 전에 잠시 시선을 쉬게 할 장소를 물색해두는 편이 좋다. 만약 상대방의 회사에서 비즈니스를 진행한다면 응접실에 장식된 꽃을 선택해보자. 꽃을 보고 있으면 '아, 예쁜 꽃을 보는구나' 하고 불쾌감을 느끼지 않는다.

108

대답하기까지
정적이 흐른다면 조심해라

'콤플렉스 지표'에 주의하자

상대방이 꺼내고 싶어 하지 않는 화제, 이른바 '지뢰'의 위치를 알려주는 가장 중요한 사인은 '침묵'이다. 당신이 상대방에게 어떤 말을 던졌는데 대답이 나오기까지 의외로 긴 시간이 걸렸다면 상대방의 의식 저변에 억압된 약점(Weak Point)이 있는 것은 아닌지 의심해봐야 한다. 이 '지뢰' 사인을 '콤플렉스 지표'라고 부르는데, 침묵 이외의 지표로는 엉뚱한 대답을 한다, 못 들은 척을 한다, 쓴웃음을 지으며 가만히 있는다, 얼버무린다 같은 행동이 있다. 이런 행동이 보이면 얼른 화제를 전환하자.

109 완곡한 자기 자랑을 무시하지 마라

남의 자랑에 맞장구치자니 짜증이 나겠지만…

만약 동료가 "부장님께서 나만 믿는다고 하시지 뭐야? 어깨가 무거워졌어"라고 한다면 어떻게 반응하겠는가. 그런 자기 자랑에 쿵짝을 맞춰주자니 화나고 싫겠지만, 그렇다고 가만히 있으면 상대방의 감정이 상해서 관계가 악화된다. 에둘러서 표현한 자랑을 무시하는 것 또한 '지뢰'가 될 수 있다. 이는 말에만 해당되는 이야기가 아니다. 집 안에 장식된 트로피, 귀여운 아이 사진, 진열해 놓은 피규어 수집품도 마찬가지다. 일단 칭찬을 해주면 본격적인 자랑이 시작되겠지만, 그것이 듣기 싫어서 무시하면 더 성가신 일이 일어날 수 있다. 그러므로 상대가 자랑을 하거나 자신을 보이고 싶어 할 때는 조금 마음이 상하더라도 절대 무시하지 말고 적당히 받아주며 작은 표현이라도 해주자.

'거짓 웃음'을 간파하고 싶을 때

눈과 입이 동시에 움직이면 거짓 웃음이다

사람은 어떻게 웃을까?

내 이야기에 상대방이 웃고 있기는 한데 정말로 웃는 걸까? 사실 의심하기 시작하면 끝이 없다. 오랫동안 사회생활을 한 사람은 전체적인 분위기나 대화의 흐름을 통해 직감적으로 진위를 판단할 수 있지만, 큰 실수를 저지르고 침울해 있다거나 사랑에 빠져 있는 사람은 판단력이 흐려져서 확신을 갖기 어렵다. 상대의 웃음이 거짓 웃음인지 알아보려면 눈과 입이 동시에 움직이는지 살펴보자. 일반적으로 사람은 웃을 때 입이 먼저 웃고 그 뒤를 이어서 눈이 웃는다. 상대방의 웃음이 거짓 웃음이라면 이야기를 빨리 끝맺도록 하자.

> 입 모양만으로도
> 수많은 심리를
> 읽어낼 수 있습니다.

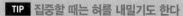

TIP 집중할 때는 혀를 내밀기도 한다

얼굴에서 모양이 가장 많이 바뀌는 부위가 입이다. 그래서 입을 보면 많은 감정을 알아낼 수 있다. 예를 들어 컴퓨터 작업을 하면서 혀를 가볍게 내미는 사람이 있다. 이 사람은 '방해받고 싶지 않다'는 마음을 갖고 있다. 무언가에 열중할 때 혀를 내미는 사람으로 가장 유명한 이는 농구계의 슈퍼스타 마이클 조던(Michael Jordan)이다. 마이클 조던은 슈팅하는 순간이 오면 혀를 내민다.

111 눈썹이 움찔거리면 화를 감추고 있다는 사인이다

다소 알아내기 어려운 표정을 알아채보자

표정을 만드는 포인트는 눈, 눈썹, 입이다. 눈을 치켜뜨다, 미간을 찌푸리다, 눈살을 찌푸리다, 입을 꾹 다물다, 입가가 비뚤어지다와 같이 표정에 관한 관용표현도 많다. 그렇다면 눈썹이 움찔거리는 것은 어떤 감정을 나타낼까? 눈썹만 꿈틀대면 분노를 감추고 있을 가능성이 있다. 앞서 열거한 예보다도 알기 어려워서 유심히 보지 않으면 알아차리기 힘들다. 어쨌든, 인간의 감정은 표정보다 복잡하다. 입을 벌린 '놀란' 표정은 '공포'를 느꼈을 때의 표정과 별반 다르지 않다. 감정을 읽을 때는 한 부분에만 집착하지 말고 전체를 아울러서 판단하자.

112 사실인지 꾸며낸 이야기인지 알고 싶을 때

몸짓이 큰 사람은 이야기를 부풀리고 있다

'자기도취형'인 사람이 말할 때는 속지 않게 조심하자

이야기는 정말 재미있는데 그 이야기가 사실인지 의심스러운 경우가 있다. 단순히 재미있자고 한 이야기라면 딱히 문제되지 않겠지만, 업무나 남의 사생활이 연루되어 있다면 신중하게 판단해야 한다. 말을 하면서 자기 이야기에 도취되어 주변을 보지 못하는 사람을 '자기도취형'이라고 부른다. 이런 사람은 말을 할 때 손짓이며 다른 몸짓이 점점 커지는 특징을 보이고, 서비스 정신은 왕성하지만 그 때문에 이야기를 부풀리는 경향이 있다. 무턱대고 믿다가는 나중에 곤욕을 치를 수도 있다.

113

사기 당하고 싶지 않을 때
시선을 전혀 피하지 않는
사람을 주의해라

성실한 척을 하려고 눈을 똑바로 바라본다

대화를 나눌 때는 상대의 눈을 보는 것이 중요하지만, 그다지 친하지도 않은 사람이 자신을 똑바로 응시하면서 이야기를 한다면 경계심을 가져야한다. 일반적으로 사람은 거짓말을 할 때나 떳떳하지 못한 일을 할 때 상대방의 눈을 바로 보지 못하는 법이다. 그런데 사기꾼들은 이를 반대로 이용해서 눈을 가만히 응시하며 이야기를 함으로써 진실하고 성실한 인상을 주려고 한다. 이러한 '전문 사기꾼'은 대화 중에 절대로 시선을 피하지 않기 때문에 듣는 사람도 시선을 회피하기가 어렵다. 시선이 고정되면 다른 정보를 읽기 어려워서 평소라면 의심했을 일도 너무 쉽게 믿어버린다.

114 다부진 체형의 사람은 화나면 무섭다

체형으로 '기질'을 알 수 있다

독일의 정신의학자 크레치머(Ernst Kretschmer)는 '체형별 성격 분류법'을 내놓았다.

- 비만형: 너그럽고 사교적이어서 친해지기 쉽지만 작은 일로 고민하는 순환기질
- 마른형: 조용하고 섬세하며 이해력이 뛰어나지만 비사교적인 면이 있는 분열기질
- 근육형: 꼼꼼하고 성실하며 정의감이 강하지만 다소 고집스러운 면이 있는 점착기질

이 중에서 화가 났을 때 가장 무서운 형은 바로 근육형이다. 부정한 일을 싫어하고, 마음에 들지 않는 일이 있으면 갑자기 심하게 화를 내기도 한다. 그리고 끈질긴 면이 있어 과거의 실수를 집요하게 끄집어내기도 한다. 상대의 체형을 보면서 성격을 짐작해보면 도움이 된다.

115 커플룩은 강한 소유욕을 나타낸다

선물 받은 물건으로 그 사람의 소유욕을 알 수 있다

만약 연인이 자신의 옷과 똑같은 옷을 선물해준다면 기분이 어떨까? 나란히 똑같이 입고 거리를 다닐지 말지는 차치하고, 어쨌든 선물이니 기쁘기는 할 것이다. 그리고 이 선물을 '같이 있고 싶다'는 의사표현으로 받아들이는 것이 일반적이다. 그렇지만 이는 그 사람의 강한 소유욕을 나타내기도 한다. 말하자면 '너는 내 것'이라는 뜻이다. 손목시계나 액세서리 등 고가의 선물 역시 선물하는 사람의 소유욕을 나타낸다고 할 수 있다. 그다지 관심 없는 사람에게서 고가의 선물을 받았다면 우선 경계할 필요가 있다.

116

물을 마시는 타이밍에 주목해라

팀원은 동경하는 상사의 행동을 따라하는 경향이 있다

음식점에서 접대를 하고 있다고 해보자. 당신은 앞으로 이 사람과 거래를 할 생각이다. 상대방과는 현재 좋은 분위기를 유지하고 있기는 한데 나를 정말 믿고 있는지는 확신이 서지 않는다면…. 이럴 때는 상대방이 물을 마시는 타이밍이 하나의 지표가 된다. 예컨대 팀원은 동경하는 상사의 행동을 따라 하는 경향이 있다. 회의 중에 상사가 안경다리를 만지면 그 팀원도 자신의 안경을 만진다. 이를 '미러링'(088 참조)이라고 부르는데, 당신이 물을 마실 때 상대방도 컵에 손을 뻗는다면 당신은 현재 신뢰받고 있다고 생각해도 된다.

> 미러링은
> 상대방의 이야기를
> 자를 때도
> 활용할 수 있습니다.

TIP 이야기를 자르고 싶다면 물을 마시자

한 번 말을 시작하면 도통 끝내지 않는 사람이 있다. 이야기를 끝내게 하기 위해서 손목시계를 보는 것도 하나의 방법이긴 하지만 이는 다소 노골적이다. 이런 상황에서는 미러링이 도움이 된다. 예컨대 마실 것이 앞에 놓여 있다면 끝까지 다 들이켜보자. 그러면 상대방도 따라서 잔을 비우게 될 텐데, 이 틈을 노려서 "죄송하지만 다음 약속 시간이 가까워져서…" 하고 이야기를 중단시키면 된다.

117 다리를 벌리고 앉은 모습은 편안한 상태라는 사인이다

긴장했는지 알아보려면 다리를 보자

상대방이 긴장했는지 편안한 상태인지를 알고 싶을 때는 다리를 확인하자. 만약 다리를 굳게 오므리고 앉아 있다면 마음의 문도 닫혀 있다고 해석할 수 있다. 일반적으로 긴장을 풀고 편안한 상태에 있는 사람은 다리를 낙낙히 벌리고 있는 법이다. 상대방이 이렇게 앉아 있다면 당신에게 마음을 허락했다는 증거다(물론 여성은 그렇지 않지만). 단, 다리 사이에 있는 물건을 과시하듯이 가랑이를 크게 벌리고 앉은 사람은 주의해야 한다. 무의식 중에 자신이 강하고 큰 사람임을 드러내고 있는 중이다. 다소 자기중심적인 인물이라고 할 수 있다.

118

코를 만지는 행동은
의심하고 있다는 증거다

'자기 친밀 행동'은 불안이나 긴장의 표시

105에서도 언급했지만, 심리적인 갈등을 느낄 때 사람은 자신의 몸을 만짐으로써 불안이나 긴장을 완화하려고 든다. 이런 행동을 '자기 친밀 행동'이라고 부른다. 그렇다면 코를 만지거나 코 아래쪽에 손을 대는 행동은 어떠한 불안과 긴장을 나타내는 걸까? 이런 행동은 주로 변명하고 있을 때 나오기 쉽다. 상대방에게 얼굴 표정을 읽히고 싶지 않다는 뜻이다. 내가 이야기를 하는데 상대방이 코에 손을 댄다면 현재 상대방은 내 이야기에 의심을 품고 있다, 즉 나를 믿고 있지 않다는 사인으로 해석하자.

119
상사가 FI타입인지
FD타입인지 확인해라

상사의 유형을 확인한 후에 대응하자

상사는 'FI(Field-independent)타입'인 사람과 'FD(Field-dependent)타입'인 사람으로 나뉜다. 여기서 field는 '주변' 정도로 해석하면 된다. FI타입은 사물을 보는 견해가 객관적이고 권위에 좌우되지 않지만 아주 사소한 것에 얽매이는 측면이 있다. FD타입은 사물을 균형 잡힌 시각으로 보기는 하지만 권위적이고 융통성이 없다. 양자를 구별하려면 다음의 몸짓에 주목하자.

- 시선을 맞추고 이야기한다.
- 말할 때 상체를 앞으로 내민다.
- 말할 때 표정이 바뀌지 않는다.
- 의미 없는 미소를 짓는다.
- 자기 몸을 자주 만진다.
- 팔이나 다리를 꼬지 않는다.

해당 항목이 많을수록 FD, 적을수록 FI타입이다.

120

따를 만한 상사인지 알고 싶을 때 ②

능력 있는 상사는 팀원의 자리로 찾아온다

지시를 내리는 모습으로 상사의 성격을 알 수 있다

당신의 상사는 팀원에게 용무가 있을 때 어떻게 하는가. 지시를 내리는
모습으로 상사의 성격을 분류해보자. 지시를 내리는 모습은 대략 다음
의 네 가지가 있다.

① 큰 소리로 지시를 내린다.
② 소곤소곤 지시를 내린다.
③ 팀원을 자신의 자리로 부른다.
④ 팀원의 자리로 온다.

누가 뭐라 해도 따르고 싶은 상사는 ④의 유형이다. 이 유형의 상사는 상
하관계에 얽매이지 않고, 윗사람의 충돌도 두려워하지 않고, 의욕이 있는
부하를 발탁하고, 일을 대충대충 하지 않는 사람이다. ①~③에 대해서는
121의 **TIP** 을 참조하자.

121

남들 앞에서 팀원을 질책하는 상사는 따를 가치가 없다

팀원을 위하는 상사는 남들 앞에서 꾸짖지 않는다

이번에는 상사가 화를 내는 모습으로 성격을 알아보자. 우선, 자기 자리로 불러서 세워놓고 질책하는 상사가 있다. 자신의 지위를 과시하는 유형이다. 권위주의자라고도 할 수 있다. 다음으로, 팀원의 자리에까지 찾아와서 내려다보며 질책하는 상사가 있다. 이 역시 자신의 권위를 행사하려는 유형이다. 자기중심적이고, 팀원이 실수를 했을 때 감싸줄 가능성이 낮다. 그리고 남이 없는 곳에서 질책하는 상사가 있다. 이 사람이야말로 팀원을 생각하는 상사다. 남들 앞에서 혼내지 않고 따로 불러 시선의 높이를 맞춰서 이야기를 하는 사람은 자신과 팀원을 동격으로 여긴다.

> 팀원에게
> 지시하는 모습으로
> 상사의 성격을
> 알 수 있습니다.

TIP 큰 소리로 지시를 하는 상사는 어떤 유형일까?

120에서 따르고 싶은 상사는 ④의 유형이었지만, 다른 유형의 상사도 무시해서는 안 된다. 어쨌든 상사는 상사니까. 상사의 성격을 잘 파악해서 처세를 잘하도록 하자. ①은 자신의 권력을 과시하고 싶어 하는 사람이다. 승산이 없어도 대책 없이 밀어붙이는 유형이다. ②는 주위에 자신의 목소리가 들리지 않도록 하는, 인간관계에 과민한 상사다. ③은 ①과 마찬가지로 권위주의자다. 아랫사람에게는 강하게 나가지만 그다지 자신감은 없는 사람이다.

122 동공이 커지는지 보라

흥미가 있는 것에는 눈을 반짝이는 법이다

한 실험에서 남성에게 여성의 누드 사진을 보여주었더니 동공의 크기가 평상시보다 18% 확대되었고, 여성에게 남성의 누드 사진을 보여주었더니 동공이 20% 확대되었다고 한다. 이 실험을 통해 흥미가 있는 것을 볼 때는 동공이 커진다는 사실을 알 수 있다. 문자 그대로 '눈이 반짝이는' 것이다. 당신을 보는 여성의 동공이 커진다면 그 여성은 당신에게 흥미를 가지고 있다고 해석해도 된다. 만약 이야기를 하는 도중에 눈이 더욱 크게 빛난다면 이야기에도 흥미를 느끼고 있다는 뜻이다. 반대로 동공이 작아지면 그 이야기에는 흥미가 없다는 사인이다.

123

나와 이야기할 때의
거리감에 주목해라

45cm 이내로 들어오지 않으면 호감이 없다?

우리는 잘 모르는 사람이 닿을 듯 가까이 다가오면 불쾌감을 느낀다. 타인에게 침범당하고 싶지 않은 영역 또는 거리를 '개인 공간(Personal Space)'이라고 부른다. 이 개인 공간은 상대가 누구냐에 따라 허용 범위가 달라진다. 어떤 여성이 당신과의 거리를 확 줄여서, 즉 가까이 다가와서 이야기를 한다면 그녀에게 당신은 스스럼없는 편안한 상대라는 뜻이다. 연인끼리는 이 허용 범위가 45cm 미만이라고 한다. 여성이 이 범위 안으로 들어오지 않는다면 깊은 관계를 맺고 싶어 하지 않을 가능성이 높다.

124 내게 유난히 높임말을 많이 쓰는지 보라

높임말을 많이 쓰는 사람은 친해지기를 두려워하고 있다?

나이도 같고 알고 지낸지도 오래되었는데 유난히 나에게 "~입니다", "~하시겠어요?"와 같이 말을 놓지 못하는 사람이 있다면? 내게 예의를 갖추는 듯 보이지만 사실은 나를 멀리하고 싶어 하는지도 모른다. 이 이상은 친해지고 싶지 않음을 에둘러서 표현하는 것이다. 은근히 무례하다는 말이 있는데, 필요 이상으로 높임말을 쓴다면 표면적으로는 예의가 발라도 속으로는 상대방에게 그다지 호의를 갖고 있지 않을 가능성이 있다. 누구에게나 이런 태도를 취하는 사람은 타인과 친밀해지기를 두려워하고 있다고 해석된다.

적이 될지도 모르는 사람을 미리 파악하고 싶을 때 ②

회의에서 정면에 앉는
상대를 주의해라

적대자는 정면에 앉는다

미국의 심리학자 스틴저(Stenger)는 같은 멤버가 여러 번 회의를 하면 재미있는 현상이 나타난다는 사실을 알아냈다. 이를 '스틴저의 3원칙(스틴저 효과)'라고 부른다.

① 적대자는 정면에 앉는다.
② 어떤 발언이 끝나고 뒤이어 나오는 발언은 반대 의견일 때가 많다.
③ 의장의 리더십이 약하면 자신의 앞사람과 이야기하려 하고, 의장의 리더십이 강하면 옆 사람과 이야기하려 한다.

①을 좀 더 알아보면, 이전에도 의견이 반대였던 사람은 다른 자리가 비어 있음에도 무의식중에 상대의 맞은편에 앉는 경향이 있다. 그러므로 당신이 발언을 할 때는 정면에 앉은 사람의 언동에 주의하자.

손이 안 보이게 팔짱을 끼는 것은 거절의 사인이다

내면의 긴장감을 나타내는 자세

운동선수에게서 흔히 볼 수 있는 팔짱 낀 자세는 자신의 강인함을 과시하는 위압적인 몸짓이지만, 그렇다고 꼭 거만한 사람만의 전용 포즈는 아니다. 손을 안쪽에 넣고 팔꿈치를 앞으로 돌출시킨 자세는 방어나 거절의 사인이며, 내면의 긴장을 나타낸다. 이 역시 '자기 친밀 행동' 가운데 하나다.

가방에 주목해라

애용하는 가방으로 성격을 알 수 있다

흔히 공공칠가방이라고 부르는 튼튼한 아타셰케이스를 애용하는 사람은 현실적인 실리주의자다. 그러나 안에 중요한 것이 들어 있지 않은 경우에는 '일 잘하는 사람'을 연출하고 있는 중인지도 모른다. 주머니가 많은 가방에서 주머니는 꿈을 상징한다. 내용물이 정리되어 있지 않은 사람은 꿈을 좇는 사람 중에서도 특히 호기심이 왕성한 사람이다. 만약 이 주머니들을 잘 활용하고 있다면 예민하고 꼼꼼한 사람이다. 열쇠가 걸려 있는 가방은? 자신의 세계에 빠져 있는 사람이다. 깊이 사귀기는 어려운 유형이다. 많이 낡았는데도 계속 같은 가방을 사용하는 사람은 고집이 세고 까다로운 편이다.

128 좋아하는 색깔에 주목해라

좋아하는 색깔로 성격을 알 수 있다

심리학에서는 색깔과 마음의 관계를 연구하는 색채심리학 분야가 있다. 색깔과 감정의 관계에 처음으로 주목한 사람은 독일의 문호 괴테(Johann Wolfgang von Goethe)다. 괴테에 따르면 노란색은 밝고 강하며 열정적이고 친근해 보인다고 한다. 색이 지닌 이러한 효과를 알고 있으면 시간, 장소, 상황에 맞춰서 보여주고 싶은 자신의 모습을 의상의 색깔로 연출할 수 있다. 미국의 전 대통령 오바마(Barack Obama)는 연설 때 정렬적인 빨간색 넥타이를 맨다고 한다. 또한 스위스의 심리학자 뤼셔(Max Luscher)는 좋아하는 색깔에 그 사람의 성격이 반영되어 있다고 주장했다(칼럼 참조).

> **TIP** 좋아하는 색깔과 성격
>
> **빨간색** : 정열적이고 적극적인 행동파. 공격적인 면도 있다.
> **분홍색** : 사랑이 넘치며 남을 잘 보살펴준다. 상처받기 쉽다.
> **주황색** : 사교적이며 쾌활한 반면에 질투심이 강하다.
> **노란색** : 명랑하고 쾌활하다. 야심가이며 꿈이 크다.
> **초록색** : 사회성이 있는 평화주의자. 참을성이 많고 착실하다.
> **파란색** : 이성적이고 차분하다. 신뢰관계에 신경을 쓴다.
> **보라색** : 로맨티스트. 섬세하고 감수성이 예민하다.
> **갈색** : 협동정신이 강하고 믿음직하다. 가정적이다.
> **검은색** : 완고하고 자존심이 강하다. 싫증을 잘 낸다.
> **흰색** : 진지하고 성실한 이상주의자. 결벽증을 보이기도 한다.

129 신발 끈에 주목해라

신발 끈으로 성격을 알 수 있다

양복에는 어떤 신발이 어울릴까? 하루에도 몇 번이고 신었다 벗었다 하는 한국과 일본에서는 끈이 있는 신발은 그다지 장점이 많지 않다. 그럼에도 이런 신발을 고르는 사람은 '단단히 매지 않으면 불안'을 느낀다고 볼 수 있다. 즉 모험심이 부족해서 안전한 방향을 선호하는 유형이다. 반면 끈이 없는 신발을 좋아하는 사람은 기능성이나 실용성을 우선하는 현실적인 유형이다. 끈이 있는 신발보다 훨씬 캐주얼해 보이는 신발을 굳이 선택하는 사람은 대담한 면도 많다. 이러한 사람은 비록 협동성이 낮아 보일 때도 있지만, 우유부단하지 않고 신념이 강해서 오히려 믿을 만한 인물로 여겨지기도 한다.

> 머리 모양에 신경을 많이 쓰는 사람은
> '남에게 비춰지는 나'에 대한
> 의식이 높은 사람입니다.

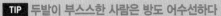

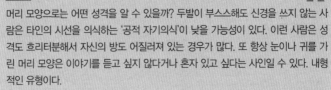

TIP 두발이 부스스한 사람은 방도 어수선하다

머리 모양으로는 어떤 성격을 알 수 있을까? 두발이 부스스해도 신경을 쓰지 않는 사람은 타인의 시선을 의식하는 '공적 자기의식'이 낮을 가능성이 있다. 이런 사람은 성격도 흐리터분해서 자신의 방도 어질러져 있는 경우가 많다. 또 항상 눈이나 귀를 가린 머리 모양은 이야기를 듣고 싶지 않다거나 혼자 있고 싶다는 사인일 수 있다. 내향적인 유형이다.

130 턱을 당겨서 눈을 치뜨는 것은 위협의 신호다

턱의 표정으로 공격성을 간파하자

심리를 표정으로 알아내려면 눈, 눈썹, 입에 주목해야 하는데, 사실 이런 부위들은 딱히 의식하지 않아도 눈에 잘 들어온다. 그런데 이런 곳과 달리 알아차리기는 어렵지만 의외로 중요한 신호를 내보내는 곳이 있다. 바로 턱이다. 대화를 나눌 때 턱을 당겨서 입술을 깨문다면 그것은 긴장하고 있다는 증거다. 이야기의 내용에 무언가 불쾌한 점이 있었는지도 모른다. 만약 턱을 당겨서 눈을 치뜨고 본다면 그것은 명확한 반항의 사인, 위협의 신호다. 이런 사람에게는 공격적인 성향이 있을 가능성이 크다.

131 "글쎄"라는 말을 남발하는 사람은 협동성이 낮다

"글쎄요"는 욕구불만의 표현이다

다 같이 사이좋게 이야기하고 있을 때 누군가에게 "어떻게 생각하세요?" 라고 물었는데 "글쎄요"라는 짧은 대답이 돌아왔다면 어떻게 하겠는가. 사실 이럴 때는 더 파고들어 캐묻기도 애매하다. 이 말에는 '말하고 싶어도 말할 수 없다'는 심리가 감춰져 있다. 즉 욕구불만의 상태다. 이 말을 입버릇처럼 달고 다니는 사람은 항상 진심을 말하지 못해서 주위에 벽을 만들고 만다. 평판은 나쁘지 않겠지만 협동성은 떨어진다. "잘 모르겠다"는 말도 마찬가지다.

132 과거의 영광을 자주 말하는 사람은 자신감이 부족하다

타인과 비교되는 것이 두려울 때 과거로 도망친다

옛날이야기를 하는 심리에는 두 가지 측면이 있다. 하나는 자신의 현재 능력을 타인과 비교당하고 싶어 하지 않는 심리다. 사람은 주변 사람과 자신을 비교함으로써 스스로를 평가하려고 든다(이를 '사회 비교 이론'이라고 한다). 그런데 옛날이야기를 하는 사람은 남과 비교되는 것을 두려워한다. 자신감이 없어서 남과 비교당하기 어려운 과거로 도망치려는 것이다. 다른 하나는 과거의 자랑스러운 이야기를 끄집어내서 이를 후광 효과로 삼아 자신의 유능함을 과시하려는 심리다. 어느 쪽이든 간에 현재의 자신에게 자신감이 없다는 점은 확실하다.

133

통화를 하면서
고개 숙여 인사하는 사람은
속내를 감추지 못한다

성실하기는 하나 비밀을 털어놓을 만한 사람은 아니다

"잘 부탁드립니다", "죄송합니다"와 같은 말을 하면서 머리를 숙이는 것은 자연스러운 행동이다. 그러나 대상이 앞에 있지도 않은데 통화를 하면서까지 자기도 모르게 고개를 숙여서 인사하는 사람이 있다. 말에 진심을 담으면 그에 어울리는 동작이 나오는 법인데, 이를 '자기 동조 행동(Self Synchrony)'이라고 한다. 이 유형은 어떤 의미에서 보면 성실하다고도 할 수 있다. 그러나 '자기도 모르게' 진심이 나오는 유형이므로 속내를 감추지는 못한다. 이런 사람에게 비밀을 털어놓는 것은 생각해봐야 할 일이다.

제3장 한 장 정리

01 협상 전에는 가능한 한 상대방의 가치관과 요구사항을 많이 알아두어야 한다. 그래야 상대방의 감정을 이해할 수 있다.

02 협상 시에는 '무대'도 중요하다. 기죽지 않고 당당하게 상대와 이야기를 나눌 수 있게 장소, 시간, 관계에 신경을 쓰자.

03 협상 상대와 심리적으로 거리가 줄어들어야 협상이 원활하게 진행된다. 본론에 들어가기 전에 분위기부터 부드럽게 만들자.

04 요구사항을 밀어붙이는 것이 아니라, 상대방이 '자기도 모르는 사이에 자연스럽게 받아들일 수 있는 상황'을 연출하는 것이 포인트다.

05 상대방이 알고 싶어 하는 정보를 거침없이 제시하면 설득하기가 쉬워진다. 같은 정보라도 공개 방식에 따라 인상이 달라짐에 주의하자.

TEST

Q1 진심을 알고 싶을 때 보아야 할 곳은?
　A 왼쪽 얼굴
　B 오른쪽 얼굴

Q2 흥미가 있다는 사인은 어느 쪽일까?
　A 두 팔을 벌려서 탁자 위에 올려놓았다
　B 이마 한 가운데를 세게 눌렀다

Q4 이야기를 경청하고 있는 쪽은?
　A 말을 따라서 반복하는 사람
　B "그렇구나"라고 맞장구를 치는 사람

Q4 대화 도중에 눈을 깜박이는 횟수가 늘었다면?
　A 기회를 놓칠세라 더 신나게 이야기한다
　B 재빠르게 화제를 바꾼다

Q5 믿을 수 있는 쪽은?
　A 내 눈을 응시하며 시선을 피하지 않는 사람
　B 이야기를 하면서 이따금씩 시선을 피하는 사람

Q6 화가 나면 무서운 사람은 어느 쪽일까?
　A 날씬하거나 마른 체형의 사람
　B 다부진 근육질의 사람

Q7 믿어도 좋을 상사는 어느 쪽일까?
　A 질책할 때 팀원의 자리로 다가오는 상사
　B 질책할 때 남들이 없는 곳으로 팀원을 불러내는 상사

Q8 당신을 경쟁자로 보고 있는 사람은 어느 쪽일까?
　A 회의에서 당신과 몇 자리 떨어진 곳에 앉는 사람
　B 회의에서 당신의 맞은편에 앉는 사람

ANSWER

Q1 → A (096 참조)
Q2 → B (098 참조)
Q3 → B (102 참조)
Q4 → A (107 참조)
Q5 → B (113 참조)
Q6 → B (114 참조)
Q7 → B (121 참조)
Q8 → B (125 참조)

속내는 감추고 싶어도
감춰지지 않는 법입니다.
남들과의 거리 조정에 능숙한 사람은
본능적으로 이러한 사인을 알고 있어서
상대의 표정, 시선, 손의 움직임 등에
주의를 기울입니다.

제**4**장

호감도를 높이는
'첫인상' 심리기술

134 호감을 사려면 악수를 해라

악수에는 '신뢰감'을 높여주는 효과가 있다.

선거활동의 전형적인 전술 중에 '3S'가 있는데, 이는 미소(Smile), 악수
(Shake Hands), 사인(Sign)을 말한다. 웃는 얼굴의 효과는 누구나 다 알 것
이다. 그런데 악수는 이보다 더 효과가 크다. 한 실험에 따르면, 얼굴도 보
지 않고 말도 나누지 않은 채 그저 악수만 하고서 헤어진 사람에 대한 인
상을 알아보았더니 많은 사람이 '따뜻하다', '믿을 수 있다'와 같은 인상을
받았다고 한다. 더욱이 다시 만나기를 희망했다. 처음 대면했다면 겁내지
말고 손을 내밀어볼 일이다.

저야말로
잘 부탁드립니다!

꽉!

135 먼저 인사해라

먼저 말을 걸어 내 페이스를 유지하자

처음 만난 자리에서 호감을 사는 포인트는 '당신을 만나서 기쁩니다'라는 마음을 전하는 것이다. 이를 위해 빼놓을 수 없는 것이 '인사 먼저 하기'다. 먼저 말을 꺼내기 어색해서 아는 척해줄 때까지 기다리는 사람도 많은데, 그렇게 하면 끌려갈 수밖에 없다. 만나서 반갑다는 뜻을 전해야 호감도를 높일 수 있는데, 저쪽에서 "안녕하십니까?"라고 하면 그에 맞춰 "예, 안녕하십니까?"라고 할 수밖에 없다. 첫 소리를 양보해야 한다는 예의범절은 없다. 스스로 하고 싶은 말을 먼저 꺼내서 자신의 페이스를 놓치지 않도록 하자.

136 여러 번 반복해서 만나라

만날수록 친근해지는 '단순 노출 효과'를 노리자

첫인상이 그 후의 이미지를 판단하는 데 결정적인 역할을 할 때 이를 '초두 효과(Primary Effect)'라고 한다. 그러나 첫인상이 나빴다고 낙담하지는 말자. 간간히 얼굴을 내비쳐서 여러 번 만나면 이를 만회할 수 있다. 만날수록 친근해지는 현상을 심리학에서는 '단순 노출 효과'라고 부른다. 처음에는 인상이 별로였던 연예인이 자꾸 볼수록 괜찮아 보였던 경험을 아마 해보았을 것이다. 첫 대면에서 실수를 했다면 이 방법으로 서서히 마음을 끌어당겨 보자.

137 정중하게 사과하고 좋은 인상으로 덮어라

'알고 보니 좋은 사람이었구나' 하는 생각을 하게 만들자

첫인상도 망쳤는데 그렇다고 여러 번 만나서 인상을 바꿀 수도 없다면, '첫인상보다 강한 긍정적인 이미지'를 만들어보자. 가령 첫 대면에서 상대가 웃는 얼굴로 인사를 해주었는데 이를 보지 못하고 그냥 넘어갔다고 해보자. 가만히 있으면 당신은 '인상이 나쁜 사람'으로 굳어진다. 그런데 두 번째 만났을 때 "저번에는 제가 인사도 드리지 못하고 실수가 많았습니다" 하고 정중하게 사과하면 상대는 '어라, 생각보다는 좋은 사람인 모양이네' 하는 생각한다. 초두 효과와 반대로 마지막 정보가 뇌리에 남게 되는 것이다. 이를 심리학에서는 '최신 효과(Recency Effect)'라고 부른다.

138 오른쪽으로 다가가라

심장이 있는 왼쪽으로 다가가면 경계심을 품는다

인간은 무의식중에도 항상 심장을 보호하려고 든다. 정신을 다른 곳에 집중하거나 방어태세를 취할 때 흔히 팔짱을 끼게 되는데, 이 역시 심장을 보호하려는 무의식적인 행위다. 심장이 있는 왼쪽으로 타인이 다가오면 사람은 무의식중에 압박감을 받는다. 친한 사이가 아니라면 오른쪽으로 다가가야 쓸데없는 경계심을 야기하지 않는다. 회식 자리에서 상사에게 술을 따를 때도 마찬가지다. 많은 사람이 왼손보다는 오른손을 더 자유롭게 쓰기 때문에 왼쪽보다는 여차하면 손을 쓸 수 있는 오른쪽을 더 편안하게 생각한다.

139 이야기하면서 이름을 불러라

꼭 이름을 부르지 않아도 되는 순간에 이름을 부르자

심리학적으로 '이름 부르기'는 거리감에 큰 영향을 준다고 알려져 있다.
예를 들어 한참 이야기를 나누다가 "○○ 씨는 어떻게 생각하세요?" 하고
딱히 이름을 부르지 않아도 되는 타이밍에서 이름을 부르면 서로의 거리
가 훅 줄어든다. 헤어지면서 인사를 할 때도 "○○ 씨, 오늘 정말 고마웠습
니다" 하고 이름을 부르면 깊은 인상을 남길 수 있다. 단, 어떤 실험에 따
르면 15분 대화하는 데 6회 이상 이름을 부르면 친근해지기는커녕 역효
과가 일어난다고 한다. 이름을 너무 많이 불러서 무례하다는 인상을 주지
않도록 주의하자.

> 호칭 하나로
> 남과 나의
> 거리감이 바뀝니다.

TIP '당신'이라고 부르면 관계가 대등해진다

동갑이거나 나이 차이가 거의 없는데 어찌나 태도가 당당한지 자기도 모르게 기가 죽
는다면 큰맘 먹고 '당신'이라고 불러보자. 계속 "○○ 씨"라고 부르면 거리감이 줄지
않는다. 그렇다고 성만 부를 수도 없다. '당신'이란 말은 서로를 대등한 위치로 올려준
다. 단, 반응을 살피는 것을 잊지 말자.

140 단계적으로
자기 이야기를 풀어놓아라

갑자기 무거운 신세타령은 역효과를 가져온다

자신의 개인 정보를 제공하는 행위를 '자기 드러내기'라고 부른다. 속사정
이나 약점을 드러내면 관심을 얻을 수 있고 무슨 일이 생겼을 때 도움을
받기 쉽다. 단, 만나자마자 "사실은 요즘 아내와 관계가 좋지 못해서…" 하
고 부담스러운 개인 사정을 드러내서는 안 된다. 그러면 오히려 거리감이
더 벌어질 뿐이다. '자기 드러내기'는 단계적으로 진행해야 한다. 고향이
나 경력 등으로 시작해서 점차 가족의 일이나 자기 자신의 문제, 업무에서
의 고민거리 등을 풀어나가면 친밀감을 높일 수 있다.

141 택시 안에서 사적인 이야기를 들어라

물리적인 거리가 줄었을 때를 활용하자

서로 개인 정보를 나누면 상대가 내 사정을 알고 있다는 긴장감과 나도 상대를 알고 있다는 안심이 공존하면서 두 사람은 특별한 인간관계로 발전한다. 그렇지만 사적인 이야기를 자연스럽게 끄집어내기란 의외로 어렵다. 사생활을 언급하기에 적당한 타이밍은 '물리적인 거리가 줄었을 때'다. 구체적으로는 같이 택시에 탔을 때, 전철로 이동할 때, 엘리베이터에 들어갔을 때, 체육관 탈의실에 같이 있을 때, 골프에서 라운딩을 할 때 등이다. 이렇게 장애물이 없는 공간에 함께 있게 되었다면 자연스럽게 사적인 질문을 해보자.

142 '우리'라는 말을 강조하자

외부와 경계를 그어서 내부의 결속을 다지자

친밀감을 강조하고 싶다면 적극적으로 '우리'라는 말을 써보자. 서로의 연대감을 강조하려면 "귀사와 함께 프로젝트를 꼭 실현시키고 싶습니다"라는 말보다 "우리의 프로젝트를 꼭 실현시키고 싶습니다"라는 말이 더 낫다. 여러 사람이 팀을 이루었을 때도 '우리'라는 말을 자주 쓰면 다른 사람들과 무의식적으로 경계를 짓게 되어 팀 내부의 결속을 다질 수 있다. 팀 프로젝트를 진행할 때는 똑같이 맞춘 티셔츠나 사무용품 등의 아이템을 공유하는 것이 '우리'를 강조하는 수단이 되기도 한다.

> 장애물이 없는 장소에서는 심리적인 거리가 줄어듭니다.

TIP 용의자에게 '자백'을 끌어내는 기술

미국에서는 수사관이 용의자를 취조할 때 취조실에 일부러 책상을 두지 않는 경우도 있다. 책상이 심리적으로 벽을 만들기 때문이다. 수사관은 용의자와 조금 떨어진 곳에서 취조를 시작한다. 그리고 서서히 간격을 줄여서 마지막에는 바로 옆에 앉아 용의자의 어깨에 손을 두른다. 그 상태에서 "네가 한 거 맞지?"라고 귓가에서 속삭이듯 말한다. 그러면 책상을 두고 취조할 때보다 훨씬 더 쉽게 자백을 한다고 한다.

143 그의 가족을 내 편으로 끌어들여라

비즈니스 상대의 가족에게 선물을 해보자

일본에서 경영의 신으로 불리는 마쓰시타 고노스케는 팀원을 엄하게 꾸중한 후에는 반드시 그 사람의 자택으로 전화를 걸어 그의 아내에게 "부디 격려의 말을 아끼지 말아 주십시오" 하고 부탁을 했다고 한다. 그러면 아내는 '사장님이 남편을 아껴주시는구나' 하고 고마워하면서 내조에 더 신경을 쓰기 시작하고, 그 팀원 역시 더 열심히 일을 한다고 한다. '장수를 쏘려면 우선 말부터 쏘아라(射將先馬)'란 말이 있다. 그 사람의 가족을 내 편으로 끌어들이면 마음을 열게 만들 수 있다. 만약 비즈니스 상대의 가족을 직접 만나게 된다면 평소 고마움을 느끼고 있다는 말을 늘어놓도록 하자. 혹은 취향을 저격할 수 있는 선물도 효과적이다.

144 제3자에게 그 사람의 칭찬을 해라

사람은 간접적으로 칭찬을 들으면 기분이 좋아진다

"○○ 씨, 대단하시네요!"라고 본인에게 칭찬을 하면 '겉치레겠지' 하고 흘려듣기도 한다. 사람이 아무런 의심 없이 칭찬에 기뻐하는 경우는 "△△ 씨가 ○○ 씨 참 대단하다고 칭찬하더라고요"와 같이 간접적으로 칭찬을 들었을 때다. 제3자를 통한 호감을 '윈저 효과(Windsor Effect)'라고 부른다. 직접적인 칭찬보다 제3자의 칭찬이 더 큰 효과를 발휘한다. 관계가 좋아지길 바라는 사람이 있다면 그의 주변인들에게 그 사람의 칭찬을 해보자. 머지않아 그 메시지가 당사자의 귀에 들어갈 것이다.

145 따뜻한 사람이라는 마법의 말을 해라

누구에게나 긍정적인 인상을 줄 수 있다

한 대학에서 임시 교수에 대한 서로 다른 두 가지 소개문을 학생들에게 배포했다. 하나에는 "따뜻하고, 근면하고, 비판 능력이 뛰어나고, 현실적이다"라고 쓰여 있었고, 다른 하나에는 "냉철하고, 근면하고, 비판 능력이 뛰어나고, 현실적이다"라고 쓰여 있었다. 차이점은 '따뜻하다'와 '냉철하다'는 말뿐이지만, 전자를 읽은 학생들이 교사에 대해 훨씬 더 좋은 인상을 받았다고 한다. '따뜻하다'라는 말에는 '사려가 깊다, 사교적이다, 친절하다'와 같은 긍정적인 메시지가 내포되어 있기 때문이다. 칭찬해줘야만 하는 상황에서 구체적인 말이 떠오르지 않는다면 "따뜻한 사람입니다"라고 말을 하자. 별다른 탈이 일어나지 않을 것이다.

146 적극적으로 상대를 기쁘게 해라

'신참'일 때 칭찬하고 또 칭찬하자

직장을 옮기면 아무래도 익숙해지기 전까지는 인간관계나 업무 문제가 낯설고 어색할 수밖에 없다. 하루라도 빨리 동료들과 허물없이 지내고 싶다면 적극적으로 상대가 기뻐할 말을 쏟아내보자. 예를 들면, "항상 옷차림이 멋지시네요", "중국어를 정말 잘 하시네요"와 같이 말하면 된다. 물론 이 사람이 무슨 꿍꿍이로 이러나 싶어서 미지근한 반응을 보일지도 모른다. 그러나 한 연구 결과에 따르면, 낯선 사람에게서 받는 칭찬이나 평가가 친근한 사람에게서 받는 그것보다 훨씬 더 강한 인상을 남긴다고 한다. 연구가 아론슨(Eric J. Aronson)의 이름을 따서 이를 '아론슨의 부정 법칙'이라 부른다.

147 그곳에서 가장 사교적인 사람과 친해져라

잘하는 사람의 흉내를 내면 잘하게 된다

성공한 사람의 성공 요인을 찾아내서 흉내 내는 것을 '모델링(Modelling)'이라고 부른다. 새 직장에 빨리 익숙해지고 싶다면 이 모델링을 응용해보자. 즉 그 직장에서 가장 사교적인 사람의 흉내를 내보자는 것이다. 본래 모델링에서 중요한 것은 성공 과정이다. 그 사람의 현재 행동을 무작정 따라 할 필요는 없다. 본보기로 삼아야 할 그 사람에게 적극적으로 말을 걸어 친해지는 것이 중요하다. 그렇게 함께 어울리다보면 그 과정에서 아는 사람이 점점 늘어나고 배우는 것이 많아진다.

148 직접 글로 써서 전해라

사소한 연락은 메일로 하지 말자

예쁜 손글씨로 적힌 POP 광고(Point of Purchase Advertisement)는 대량 인쇄물보다 친근해서 사람들이 더 쉽게 믿는 경향이 있다. 요즘처럼 컴퓨터 문서가 주류를 이루는 시대에서는 오히려 이런 손글씨가 더 매력적으로 다가오는 법이다. 직장에서의 사소한 연락도 마찬가지다. 전화가 왔었다는 전언을 메일로 한다거나 메모 양식이 적혀 있는 메모지에 동그라미만 쳐서 보낸다면 인간관계에서의 정을 느낄 수가 없다. 부탁을 하거나 어떤 인사를 할 때도 마찬가지다. 더 친근한 느낌을 주고 싶다면 메모지에 직접 글을 써서 남겨보자. 이때 사무용 메모지보다 디자인을 직접 고른 나만의 메모지를 사용한다면 개성까지 함께 연출할 수 있다.

TIP **직장에서 '호감도를 떨어뜨리는' 입버릇은?**

- **말하자면** : 자기주장이 강한 사람이 자신의 생각을 밀어붙이는 말
- **딱히 상관없는데** : 무의식중에 상대를 불안하게 만드는 말
- **아아, 바쁘다** : 남들의 이목을 끌고 싶어 하는 사람이 자주 쓰는 말
- **우선, 일단은** : 자신의 생각을 굽히지 않는 완고한 사람이 쓰는 말
- **하는 수 없잖아** : 포기가 빠르고 무슨 일이든 타협하려고 드는 사람이 쓰는 말

149 미소만큼 좋은 무기는 없다

웃는 얼굴에는 사람을 끌어당기는 힘이 있다

호감을 전하는 데 '웃는 얼굴'만큼 효과가 뛰어난 방법은 없다. 아동심리 분석의 권위자 볼비(John M. Bowlby)는 "사람은 타인을 붙잡아두기 위해 웃는다"라고 말했다. '타인과 친해지고 싶은' 욕구가 웃는 얼굴, 신체 접촉, 시선 맞추기 등의 '애착 행동'으로 이어진다는 것이다. 웃는 얼굴로 대하면 상대도 내게 웃음을 보여준다. 설령 의견이 대립한 와중에도 미소를 지을 수 있다면, '내가 지금 좋아서 당신과 대립 관계를 맺으려는 것이 아니다'라는 뜻을 전할 수 있다. 일부러 멋진 척 무뚝뚝하게 행동해봐야 아무런 득이 되지 않는다.

150 입꼬리를 올려라

표정 근육이 약해지면 억지웃음밖에 짓지 못한다

웃는 얼굴의 중요함을 알고 있지만, 평소 웃는 데 익숙하지 않으면 입꼬리는 웃고 있지만 눈이 안절부절못한다거나 뺨이 긴장해서 굳어지는 식의 '어색한 웃음'밖에 짓지 못한다. 그런 표정은 오히려 인상이 나빠 보이므로, 웃는 데 자신이 없는 사람은 표정 근육을 단련하는 훈련을 해보자. 세면대나 화장실 거울 앞에서 씨익 하고 입꼬리를 올리면 된다. 입꼬리를 올려주는 큰광대근은 안타깝게도 나이를 먹을수록 쇠약해진다. 자꾸 웃어도 모자랄 판에 평소 웃음에 인색하면 늘 언짢아 보이는 '팔(八)자 입'이 되고 만다.

> 사람은 첫인상이 90%를 차지한다고 해도 과언이 아닙니다.

TIP 사람의 첫인상을 결정짓는 '메라비언의 법칙'

미국의 심리학자 메라비언(Albert Mehrabian)은 사람의 첫인상이 무엇으로 결정되는지를 알아보았다. 그리고 "첫인상을 결정하는 데 용모나 차림새, 몸짓, 표정은 55%, 목소리의 톤이나 크기, 말의 속도는 38%, 어휘나 이야기의 내용은 7% 그 영향을 끼친다"라는 결과를 발표했다. "남자는 무조건 진심이지! 진심만 있으면 다 통해"라고 믿는 사람도 많겠지만, 실제로는 눈으로 얻어지는 정보가 타인을 평가할 때 더 큰 영향을 끼친다. 외모를 결코 무시할 수 없다는 이야기다.

151 키높이 깔창을 깔아라

사회적 지위가 높은 사람은 키가 커 보인다

똑같은 인물을 한쪽 강의실에서는 "이 대학교의 교수님입니다"라고 소개하고, 다른 쪽 강의실에서는 "여러분과 같은 학생입니다"라고 소개했다. 그 뒤에 학생들에게 소개한 인물의 키를 맞춰보게 했더니 교수님이라고 소개했던 쪽의 학생들이 그 사람을 10cm 이상이나 더 크게 보았다고 한다. 즉 사회적으로 높은 지위에 있는 사람은 키가 커 보인다. 이를 참고로 주위 사람들에게 능력 있는 사람으로 보이고 싶은데 키가 작다면 키높이 깔창 등을 깔아 실제보다 키가 커 보이도록 해보자.

152 근사한 정장을 준비해라

사람은 몸에 걸친 복장에 어울리는 행동을 취한다

경찰관 제복을 입은 사람은 정의감이 강해 보이고, 간호사 옷을 입은 사람은 상냥해 보인다. 신기하게도 이러한 선입관은 제복을 입은 본인에게도 영향을 끼치는 모양이다. 경찰관이나 간호사 등의 제복을 입으면 '그에 어울리는' 행동을 취한다고 한다. 이러한 제복 효과를 이용하고 싶다면 '이때다 싶을 때 입을 근사한 정장 한 벌'을 미리 준비해놓자. 그 정장이 기분을 전환하는 스위치 역할을 하여 몸에 걸치는 순간 일처리가 빠르고 정확한 비즈니스맨처럼 행동하게 될 것이다.

153 개인 공간을 넓게 써라

자신감이 있는 사람일수록 공간을 넓게 쓴다

남에게 침범당하고 싶지 않은 일정한 공간을 '개인 공간'이라고 부른다. 자신감이 있는 사람은 가슴을 벌려서 이 개인 공간을 넓히려고 하는 반면, 자신감이 없는 사람은 등을 굽히고 다리를 오므려서 축소시키려고 든다. 이 무의식의 사인을 이용하면 개인 공간을 넓게 씀으로써 그릇이 크고 자신감으로 가득 차 있는 모습을 연출할 수 있다. 자신의 책상 주변뿐만 아니라 다른 직원의 뒤쪽이나 앞쪽 등 회사 전체를 거침없이 활기차게 돌아다녀보자.

> 단, 개인 공간을
> 잘못 넘어서면 관계가
> 틀어질 수 있습니다.

TIP '개인 공간'이라고 부르는, 사람과 사람의 '거리'

사람과 사람의 거리는 친밀한 사람일수록 가까워지고 모르는 사람일수록 멀어진다. 문화인류학자 홀(Edward T. Hall)은 개인 공간을 다음 네 가지로 구분했다.

- **친밀한 거리** : 0~45cm, 부부나 부모와 자식 관계
- **사적인 거리** : 45~129cm, 친구 관계
- **사회적인 거리** : 120~360cm, 업무를 통해 알게 된 관계
- **공적인 거리** : 360~750cm, 공연자와 관중, 강연자와 청중 관계

개인 공간을 잘못 넘어서면 관계가 틀어질 우려가 있다. 어떤 관계에서든 적당한 거리를 유지하자.

154 눈 깜박임을 참아라

눈을 많이 깜박이면 소심해 보인다?

사람은 긴장할수록 눈을 많이 깜박인다(107 참조). 이 때문에 자주 깜박이는 사람은 '소심하다'는 인상을 풍긴다. 1996년에 미국 대통령 후보였던 돌(Bob Dole)과 클린턴(Bill Clinton)의 텔레비전 대선토론에서 두 후보가 얼마나 많이 눈을 깜박이는지 알아보았더니 돌은 1분간 평균 147회, 클린턴은 평균 99회였다고 한다. 대통령은 클린턴이 당선되었다. 다른 연도의 대통령 선거에서도 눈을 많이 깜박인 후보자가 낙선하는 경향을 보였다. 이를 생각하면 깜박임을 되도록 참아야 태연자약하고 그릇이 큰 사람으로 보인다고 할 수 있다.

155 오른쪽 얼굴을 보여줘라

의도적으로 겉치레 얼굴을 더 많이 보여주자

앞 장에서 오른쪽 얼굴과 왼쪽 얼굴의 인상이 미묘하게 다르다는 이야기를 했었다(096 참조). 비즈니스에서는 이 사실을 이용해 일부러 오른쪽 얼굴을 보여주는 것이 도움이 되기도 한다. 앞서 언급했듯이, 오른쪽 얼굴은 '겉치레 얼굴'이고 왼쪽 얼굴은 '진심을 말하는 얼굴'이다. 일부러 꾸미려 하지 않아도 사람은 항상 무의식적으로 남의 시선을 의식하기 때문에 오른쪽 얼굴이 왼쪽에 비해 지적인 인상을 풍길 때가 많다. 비즈니스를 할 때 지적인 이미지를 주고 싶다면 몸을 살짝 틀어서 오른쪽 얼굴을 보여주고, 허물없이 지내고 싶다면 왼쪽 얼굴을 많이 보여주자.

156 천천히 낮은 목소리로 말해라

새된 목소리는 감정적인 인상을 풍긴다

목소리도 인상을 크게 좌우한다. 애딩턴(D. W. Addington)의 연구에 따르면 단조로운 목소리는 굼뜨고 차가운 인상을 주는 반면, 콧소리는 아니꼽고 불쾌한 느낌을 주는 경향이 있다고 한다. 지도자에게서 많이 볼 수 있는 목소리의 특징은 다소 낮고, 크고, 또렷한 목소리라고 한다. 낮고 차분한 목소리로 이야기하면 자신감에 찬 당당한 느낌을 줄 수 있다. 한편 새된 소리로 이야기하는 사람은 '감정적'이고 '자신감이 없어 보이기' 십상이다. 사람이 긴장을 하면 목소리 톤이 올라가므로 우선은 긴장을 누그러뜨리고 차분한 소리를 내도록 하자.

TIP **목소리 톤에 따른 인상의 변화는?**

- **낮고 굵다** : 거드름을 피운다, 현실적이다, 원숙하다, 세련되었다, 적응성이 강하다
- **낭랑하다** : 정력적이다, 건강해 보인다, 예술적이다, 열의에 차 있다, 강건하다
- **억양의 변화가 많다** : 생기 있다, 여성적이다, 미학적이다
- **콧소리** : 사회적으로 바람직하지 않다, 아니꼬운 느낌이 든다
- **말투가 단조롭다** : 남성적이다, 차가운 느낌이 든다, 굼뜬 느낌이 든다, 은둔형 같다
- **긴장한 소리** : 잘난 체하고 있다, 양보하지 않는다, 싸우기를 좋아한다

157 블루 계열로 입어라

대선에서 승리한 케네디에게서 패션 센스를 배우자

1960년의 미국 대선에서는 경험이 적은 젊은 케네디(John F. Kennedy)가 노련한 닉슨(Richard Nixon)을 꺾고 대통령에 당선되었다. 텔레비전 토론회에서 닉슨은 회색 양복, 케네디는 짙은 남색 양복에 밝은 파란색 셔츠를 입었다. 당시에는 흑백화면이었기 때문에 컬러 코디네이트가 직접적으로 호감도를 올리는 결정적인 수단은 되지 못했지만, 국민이 원하고 있었던 청렴한 지도자상을 케네디가 확실하게 파악하고 있었던 것은 분명하다. 남색이나 밝은 파란색은 깨끗하고 성실한 이미지를 풍긴다. 비즈니스에서 이 색깔들을 잘 활용하면 좋은 이미지를 줄 수 있다.

158 사과하는 자리에서는 회색 양복을 입어라

겸허한 인상을 주는 것이 중요하다

사과하는 자리에서는 되도록 수수한 색깔의 양복을 입어서 화난 사람의 기분을 가라앉히는 것이 좋다. 흰색과 검은색의 중간인 회색은 겸허하고 유순한 인상을 주는 데 효과적이다. 특히 명도가 낮은, 어둡고 짙은 회색이 그 자리에 가장 어울린다. 넥타이도 갈색이나 채도가 낮은 거무스름한 적색 등 차분한 색조를 고르는 것이 좋다. 주의할 옷차림은 '검은색' 정장이다. 언뜻 겸허해 보이지만 검은색 자체가 위압감이 있는 색깔이어서 진심에서 사죄하는 것이 아니라는 식의 뻔뻔한 인상을 줄 우려가 있다.

159 이미지를 바꾸고 싶다면 안경을 이용해라

안경테만 바꿔도 인상이 많이 달라진다

사람을 대할 때는 얼굴, 그중에서도 눈을 보기 때문에 안경이 미치는 영향력이 크다. 심리학적으로 말하면 안경을 끼는 사람은 자신의 맨얼굴이 지닌 이미지를 바꾸고 싶어 하지 않는 사람이거나, 아예 반대로 아주 적극적으로 바꾸고 싶어 하는 사람이라고 한다. 어쨌든 안경이 가지고 있는 일반적인 이미지를 이용하면 '보여주고 싶은 모습'을 연출할 수 있다. 각진 안경테는 '지적이고 신뢰할 수 있는 이미지', 둥근 안경테는 '개성적이고 유쾌한 이미지', 타원형 안경테는 '따뜻하고 다가가기 쉬운 이미지'를 풍긴다. 안경으로 이미지를 바꿔보자.

이러면
좀 달라 보이려나?

160

넥타이를 바꿔서
기분 전환을 해라

평소와는 다른 색깔이나 무늬를 고르자

얼굴 가까이에 매는 물건이니만큼 넥타이는 그 사람의 성격이나 심리상태를 많이 반영한다.

- 줄무늬나 민무늬: 모험을 싫어하는 유형(차분한 기분으로 일하고 싶다)
- 물방울무늬: 온화하고 상냥한 유형(모두와 사이좋게 지내고 싶다)
- 동물이나 캐릭터무늬: 개성이 강한 유형(나의 길을 가고 싶다)
- 대담한 도안, 빨강이나 노랑 등의 밝은 색깔: 적극적인 유형(모험심을 발휘하고 싶다)

차가운 색감을 고르는 사람 중에는 이성적으로 일을 하는 유형이 많고, 따뜻한 색감을 고르는 사람 중에는 감정적으로 일을 처리하는 유형이 많다고 한다. 기분을 전환하려면 외모부터 바꾸는 것이 빠르다. 평상시와 다른 색깔이나 무늬의 넥타이를 골라보자.

161 액세서리를 착용해라

액세서리는 신체 이미지를 보강해준다

자기 신체에 대해 가지는 심상을 심리학에서는 '신체상 경계(Body Image Boundary)'라고 부른다. 우리가 몸에 걸치는 것들은 이 신체상 경계를 보강해주는 효과가 있다. 예를 들어 대형 오토바이를 타는 사람은 천으로 만든 점퍼보다 가죽점퍼를 입어야 같은 길을 달리더라도 피로감이 적다고 말한다. 이는 두껍고 튼튼한 가죽이 신체상 경계를 보강해준다는 안도감이 들어 그만큼 스트레스가 줄기 때문이다. 이와 똑같은 효과를 기대할 수 있는 것이 액세서리다. 특정한 시계나 반지를 몸에 착용하면 대인관계에서의 불안을 줄일 수 있다.

162 잘생겨 보이고 싶을 때 ①
얼굴의 개성을 지워라

사람은 어디선가 본 듯한 얼굴에 친숙함을 느낀다

한 심리학 실험에 따르면 사람들은 '개성이 강한 얼굴'보다 '보편적인 얼굴'을 더 매력적으로 느낀다고 한다. 보편적인 얼굴이 더 친숙하기 때문이다. 사람은 낯익은 것에 안도하고, 낯선 것에 불안을 느낀다. 또한 남과 비슷해야 정상이라고 받아들이는 심리 때문에 평균에서 이탈한 개성적인 얼굴보다 흔한 얼굴을 선호한다. 이러한 경향을 생각하면 많은 사람에게 잘생겨 보이고 싶은 사람은 유난히 굵은 눈썹이나 특이한 치열처럼 개성이 강한 부분을 여러 방법으로 보완하는 것이 좋다.

> 많은 사람이
> 도드라지지 않은
> 무난하고 평범한 얼굴을
> 좋아합니다.

TIP 사람들은 어떤 얼굴을 선호할까?

미국의 심리학자 랭글로이스(Judith Langlois)와 그의 연구팀은 네 명의 얼굴을 합성한 사진과 32명의 얼굴을 합성한 사진을 비교하여 어느 쪽 얼굴을 더 좋아하는지 알아보았다. 그 결과, 많은 사람이 '32명을 합성한 얼굴'을 선택했다고 한다. 사진 속의 얼굴은 합성을 거듭할수록 개성이 흐려지면서 보편적인 얼굴로 변해간다. 또한 평균적인 얼굴은 좌우가 대칭에 가깝다. 이 실험에 따르면 사람은 좌우가 대칭인 평균적인 얼굴을 더 매력적으로 느낀다는 것을 알 수 있다.

163 거울을 자주 보자

남에게 어떻게 보일지를 늘 생각해야 한다

길을 걷다가 쇼윈도에 자신의 모습을 비춰보는 사람은 '남에게 내가 어떻게 보이는지'를 신경 쓰는 사람이다. 이를 '공적 자기의식'이라고 부르는데, 이 의식이 높을수록 거울을 자주 본다고 한다. 미국의 한 대학에서 복도 벽에 큰 거울을 붙여놓고 그 앞을 지나가는 학생들이 거울을 얼마만큼 보는지 시간을 측정해보았더니, 남녀 모두 매력적일수록 거울을 보는 시간이 길었다고 한다. 겉모습을 가꾸고 싶은 사람은 의식적으로 거울을 보는 횟수를 늘려야 한다. 현실에서 눈을 돌리지 않아야 겉모습의 매력을 증진시킬 수 있다.

164 화장품을 적극적으로 사용해라

화장에는 스트레스를 완화하는 효과가 있다

여자뿐만 아니라 남자도 스킨을 바르고 자외선 차단제를 바르는 것 이외에도 피부에 조금 더 공을 들일 필요가 있다. 화장은 외모의 변화뿐만 아니라 눈에 보이지 않는 곳에까지 변화를 가져온다는 사실이 과학적으로 입증되었기 때문이다. 일본의 한 화장품 제조회사가 실시한 실험에 따르면 화장은 스트레스를 완화한다고 한다. 화장 전후에 침을 채취해서 스트레스를 받으면 증가하는 코르티솔(Cortisol)이라는 호르몬의 양을 측정했더니, 화장 후에 이 코르티솔이 감소한 것으로 드러났다.

165 말을 품위 있게 해라

분위기가 근사한 사람이 될 수 있다

외모가 그렇게 훌륭하지는 않은데 어쩐지 전체적으로 잘생기고 근사해 보이는 사람이 있다. 이런 사람들은 풍기는 분위기가 좋다. 이런 '분위기 미인(미남)'을 관찰해보면 패션, 말투, 자세 등이 남다르다. 이들은 '되고 싶은 나의 모습'을 명확하게 알고 있어서 이에 어울리는 옷을 입는다. 또한 자세도 반듯하다. 등을 굽히고 발을 질질 끌면서 걷는 사람을 예쁘고 멋지다고 느낄 사람은 없다. 남을 험담하는 것도 좋지 않다. 잘생긴 이목구비보다 '잘생긴 인품'을 느끼게 하는 언동이 포인트다.

원하는 모습이 있을 때 그에 맞는 옷차림을 하면 도움이 됩니다.

> **TIP 옷차림으로 알 수 있는 '되고 싶은 나'**
>
> 옷차림은 '남이 나를 이렇게 보았으면 좋겠다'라는 욕구를 투영한다.
> - **정장** : 잘 교육받은 느낌
> - **캐주얼** : 자연스럽고 편안한 느낌
> - **엘레강스 스타일** : 유행을 따르지 않는 점잖은 느낌
> - **아웃도어** : 활동적인 행동파
> - **아방가르드 스타일** : 전위적이고 유행에 민감한 느낌
>
> 덧붙이자면 대인관계에 불안한 사람이 오히려 화려하게 옷을 입는 등 옷차림과 내면은 반대가 되기도 한다.

의외의 면으로 예상을 깨라

사람은 '의외성'에 설렌다

한눈에 어떤 사람인지 느낌이 오는 사람에게서는 흥미를 느낄 수 없다. '도대체 이 사람은 어떤 사람이지?' 하는 생각을 하게 만들어야 하는데, 이 때 의외의 면을 부각시키면 좋다. 새로움은 인지도나 선호도에 영향을 끼친다. 이를 '신기성 효과(Novelty Effect)'라고 부른다. 아주 평범한 옷을 입은 사람이 의외로 장난도 잘 치고 귀엽다거나 자신의 의견을 아주 확고하게 주장하면 상대는 첫인상과 나중에 받은 이미지의 차이로 그 사람에게 흥미를 느낀다. 개성적인 옷차림의 사람이 매우 예의가 바를 때도 마찬가지다. 의외성을 효과적으로 보여줄 수 있도록 노력해보자.

제4장 한 장 정리

01 인상을 좋게 하는 세 가지 무기는 '웃는 얼굴', '신체 접촉', '시선 맞추기'다.

02 첫인상은 그 후의 인상을 좌우한다. 만약 첫 대면에서 실수를 했다면 만회하기 위해 노력해야 한다.

03 사람들은 '이 외모의 사람은 이럴 것이다'라는 외모에 대한 '보편적인 이미지'를 가지고 있다. 이 이미지를 이용하면 '드러내고 싶은 나의 모습'을 연출할 수 있다.

04 몸에 착용하는 아이템으로도 이미지를 바꿀 수 있다. 그중에서도 안경은 얼굴의 인상을 좌우한다.

05 색깔은 심리에 많은 영향을 끼친다. 색의 효과를 파악해 때와 장소와 상황에 맞는 아이템을 착용해보자.

TEST

Q1 처음 대면한 사람에게 인사를 할 때 당신이라면?

A 먼저 "만나서 반갑습니다"라고 인사한다

B 먼저 인사해오길 기다렸다가 "잘 부탁드립니다"라고 말한다

Q2 알게 된 지 얼마 안 된 사람과 친해지고 싶을 때는?

A 오른쪽으로 다가간다

B 왼쪽으로 다가간다

Q3 사적인 이야기를 묻기에 적당한 곳은?

A 선술집

B 택시 안

Q4 효과적으로 아첨하고 싶다면?

A "○○ 씨, 대단하시네요!"라고 본인에게 직접 말한다

B "○○ 씨, 대단하더군요!"라고 공통의 지인에게 말한다

Q5 직장 동료에게 업무 연락을 할 때는?

A 메일을 보낸다

B 메모를 직접 적어서 책상 위에 올려둔다

Q6 능력 이상으로 '일 잘하는 남자'로 보이고 싶다면?

A 키가 커 보이도록 한다

B 고가의 멋진 정장으로 무장한다

Q7 이야기에 설득력을 부여하고 싶다면?

A 낮은 목소리로 천천히 말한다

B 높은 목소리로 빠르게 말한다

Q8 사과를 해야 하는 자리에서 당신이 입어야 할 옷은?

A 검은색 양복

B 회색 양복

ANSWER

Q1→A(135 참조)
Q2→A(138 참조)
Q3→B(141 참조)
Q4→B(144 참조)
Q5→B(148 참조)
Q6→A(152 참조)
Q7→A(156 참조)
Q8→B(158 참조)

사람의 인상을 결정짓는 데에는
용모나 옷차림 등 눈으로 얻는 정보가
50% 이상을 차지합니다.
'알맹이로 승부를 거는 것'은
어디까지 친해지고 난 후의 일입니다.
겉모습을 결코 소홀히 하지 맙시다.

제 5 장

상대를 움직이는 '문장' 심리기술

167 전체를 세 항목으로 나눈다

친숙한 숫자 '3'의 힘을 빌리자

영국의 경제학자이자 논리학자인 제번스(William Stanley Jevons)는 개수가 다양한 콩알을 상자 안에 던져 넣었을 때 한눈에 정확하게 헤아릴 수 있는 개수를 조사했다. 그 결과 네 개까지는 정답률이 100%였고 일곱 개는 75%였지만, 여덟아홉 개쯤 되면 정답률이 50%대로 떨어졌다고 한다. 즉 '세 개'라면 누구라도 한눈에 알아볼 수 있다. 프레젠테이션 자료를 세 가지 항목으로 정리하면 기획서를 알아보기가 쉬워진다. '7'도 일상생활에서 행운의 숫자로 사랑받고 있다. 항목을 일곱 개로 나누어도 나쁘지는 않겠지만, 항목이 늘면 한눈에 알아보지 못하는 사람이 많으므로 번호 매기기와 같은 방법을 활용하는 편이 좋다.

168 시각적으로 편안한 배색에 신경 써라

인상이 강한 색을 많이 쓰면 불쾌감이 든다

파워포인트 등으로 프레젠테이션 자료를 작성할 때는 배색 센스를 발휘해야 한다. 색상 전문가인 컬러 컨설턴트들의 연구에 따르면, 배색 시에는 다음의 사항들을 주의해야 한다고 한다.

- 빨간색과 보라색처럼 자기주장이 강한 색들을 같은 면적에 사용하면 양쪽의 인상이 너무 강해서 보는 사람의 신경을 곤두서게 한다.
- 공통 항목에서는 하나로 묶을 수 있는 색으로 배색해야 보기 편하다. 예컨대 파란색과 하늘색처럼 같은 색 계열이거나 비슷한 색으로 배색하면 좋다.
- 맑은 색과 칙칙한 색처럼 공통점이 없는 배색은 불쾌감을 준다.

이런 점에 유의하여 눈에 잘 띄고 보기 편한 자료를 만들어보자.

169 각 페이지에 회사 로고를 넣어라

'잠재의식 효과'를 적절히 사용하자

텔레비전 CM에서 잡지의 광고, 인터넷의 배너에 이르기까지 이 세상은 무수한 메시지로 가득 차 있다. 일일이 의식해서 보거나 듣지는 않지만, 그래도 그 메시지는 우리의 의식 밑바닥에 침전되어 쌓여간다. 메시지에 도 '잠재의식 효과(Subliminal Effect)'가 있는 셈이다. 따라서 사외용 기획서 나 영업 자료를 작성한다면 각 페이지에 자사의 이름이나 로고를 넣어야 한다. 회사의 이름이나 로고 자체에는 큰 의미가 없지만, 그것을 보는 사 람의 마음에는 회사의 존재감이 뿌리내리게 될 것이다.

170 구체적인 '숫자'를 넣어라

이해하기 쉽게 기획서를 작성하자

기획서를 작성할 때는 어쨌든 숫자가 중요하다. 막연한 이미지밖에 주지 못하는 기획서는 작성해봐야 의미가 없다. 사내용 기획서도 마찬가지다. 가능한 한 쉽게 상상할 수 있도록 구체적인 숫자로 표현해야 한다. 예를 들어 "본 상품은 작년 여름에 크게 히트했다"가 아니라, "작년 8월의 판매량은 230만 상자였는데, 이는 전년도 동월대비 5배에 달한다"라고 쓰면 된다. 구체적인 숫자를 넣으면 이해하기 쉽고, 전하고자 하는 내용의 좋은 근거로도 활용할 수 있다.

> '잠재의식 효과'와 같은 현상은 일상에서 흔히 볼 수 있습니다.

TIP '잠재의식 효과'를 실제로 입증한 유명한 실험

'잠재의식 효과'에 관한 실험은 1957년에 미국의 한 영화관에서 실시되었다. 영화 필름 속에 관객이 지각할 수 없을 만큼 빠른 속도로 지나가는 메시지를 넣었을 때 어떤 현상이 일어나는지 알아보는 실험이었다. 메시지는 "콜라를 마셔라"와 "팝콘을 먹어라"였다. 실험 결과, 관객들이 메시지를 인식하지 못했음에도 불구하고 콜라와 팝콘의 판매량이 급격히 상승했다고 한다. 현재는 영화나 텔레비전 프로그램에서 잠재의식 메시지를 사용하여 광고하는 것이 법으로 금지되어 있다.

171 같은 내용을 다른 표현으로 반복해라

강조하고 싶은 내용은 여러 번 반복하자

우리는 반복해서 보거나 들은 것에 강한 인상을 받는다. 이는 '단순 노출 효과(191 참조)'나 '잠재의식 효과(169 참조)'만 보아도 쉽게 이해할 수 있다. 반복의 중요성은 기획서의 내용에서도 마찬가지다. 가령 당신이 팔고자 하는 상품의 장점이 내구성이라면 이를 여러 번 반복해서 드러내야 한다. 그런데 똑같은 표현을 반복한다면 집요하고 지루한 느낌이 들 것이다. 같은 '내구성'을 강조하더라도 '강인하다', '튼튼하다', '견고하다'와 같이 어휘를 바꾸어 반복하는 것이 중요하다.

소탈한 표현을 사용한다

자신의 언어로 자아관여도가 높은 기획서를 만들자

기획서는 형식적인 문서다. 당연히 '형식'이 요구된다. 그러나 기획 자체는 당신의 것이다. 어째서 그 기획을 검토해야 하는지 당신의 언어로 말할 필요가 있다. "그래서 저는 이 기획을 밀고 싶습니다!"와 같은 매우 적극적인, 자아관여도가 높은 기획서를 작성해야 관심을 끌 수 있다. "요즘 인기있는 과자래요"라는 말보다 "이거 진짜 맛있더라고요"라는 말이 더 기대감을 갖게 하는 것과 같다. 흥미를 유발시키고 싶다면 기획서에도 꾸밈없는 자신의 말을 넣어보자.

173 현재진행형 정보를 더해라

기획서에 '미완성 효과'를 응용하자

기획서에 "이 안건에 대해서는 집계 중이며, 필시 이 정도가 되리라 예상 됩니다"라고 쓰는 것과 "이 안건에 대해서는 현재 집계 중입니다. 이번 주 에 결과가 나오는 대로 보고하겠습니다"라고 쓰는 것 중 어느 쪽이 더 흥 미를 불러일으킬까? 심리학에서는 마치지 못한 일을 마음속에서 쉽게 지 우지 못하는 현상을 '미완성 효과'라고 부른다. 즉 더욱 흥미를 갖게 하는 쪽은 현재진행형인 후자다. '과연 어떻게 될까?' 하고 궁금해 할 수밖에 없 는 기획서를 만들자.

174 핵심을 한 줄로 요약해라

부연 설명이 길면 핵심이 흐려진다

기획서를 작성할 때는 '이건 먹히겠는데!'라는 생각이 들게끔 해야 한다. 그러려면 누가 읽을지를 잘 생각해서 쓸데없는 말은 넣지 말아야 한다. 상품개발 기획서라면 그 상품의 특징을, 이벤트 기획서라면 화제성을, 거래처의 변경이나 설비의 신규 구입에 관한 기획서라면 그 효율성을 적으면 된다. 그와 연관된 잡다한 효과에 대해서는 굳이 자세하게 전달하지 않아도 된다. 부연 설명이 너무 길면 중요한 핵심이 흐려진다. 전하고 싶은 바를 간략히 요약하자.

175 이익을 상상할 수 있게 하자

그 상품을 사용하는 자신의 모습을 상상하게 하자

영어회화 교재를 판다고 해보자. 이를 위해 광고를 제작하고 판매점용 전단지를 만들었다. 영어회화 교재니까 역시 '이 정도로 말할 수 있게 된다'라는 내용의 정보가 중심이 되어야 할 것이다. 그런데 이런 내용만 강조하면 일하는 데 굳이 영어를 사용하지 않아도 되는 사람들은 관심을 두지 않는다. 만약 "(영어회화를 할 수 있으면) 전 세계 사람과 친구가 될 수 있습니다", "여행이 즐거워집니다", "지구가 내 직장으로!"와 같이 광고를 한다면 어떨까? 지금 당장 영어가 필요하지 않은 사람도 영어를 자유롭게 구사하는 자신의 모습을 떠올리게 될 것이다. 상품을 잘 팔고 싶다면 이렇게 가치나 장점을 구체적으로 상상하게 만들어야 한다.

상품 판매를 잘하고 싶을 때 ②
오히려 단점이 있음을 밝혀라

'흠'을 알면 사는 사람은 마음을 놓는다

전단지나 인터넷 쇼핑몰 등 글로만 설명을 해놓고 상품을 판매한다고 해
보자. 이때 상품의 결점은 어떻게 다루어야 할까? 심리학에서는 결점을
솔직하게 밝히고 나서 장점을 이야기하라고 한다. "○○라는 점에서는 다
소 취약하지만, △△라는 점에서는 매우 뛰어납니다"와 같이 설명하면 된
다. 그 상품의 단점을 알게 되면 구매자는 막연한 불안감을 해소할 수 있
다. 또한 '솔직히 말해주는구나' 하고 신뢰한다. 그 자리의 분위기가 중요
한 방문 판매와 달리, 글로 상품을 팔면 구매자는 해당 상품이나 판매자에
대해 조사를 한다. 결점을 숨겨봐야 아무런 득이 되지 않는다.

177 메일 제목에 이름을 넣어라

제목은 여덟 글자 전후가 좋다

내가 보낸 메일을 실수로 건너뛰거나 나중에 보는 일이 없도록 하려면 '제목'을 눈에 띄게 적어야 한다. 인간의 눈이 빠르고 쉽게 인식할 수 있는 글자의 수는 여덟 글자 전후라고 한다. 신문의 표제어도 대개는 8~10글 자로, 이목을 한눈에 집중시키고 싶다면 이 수를 넘기지 않아야 한다. 또 한 사람들은 자신과 직접적인 관계가 없어 보이는 글자 배열은 못 보고 그냥 넘기는 경향이 있다. 이럴 때는 '당신에게 보내는 메일입니다'를 한 눈에 알아볼 수 있게 '고유명사'를 넣으면 도움이 된다. 〈○○사의 김민재 입니다.〉와 같이 발신자인 나의 이름을 넣어보자.

178 메일 제목을 문장으로 적어라

말미에 마침표를 넣는 것도 잊지 말자

앞 항목에서 소개한 〈○○사의 김민재입니다.〉라는 제목이 '문장의 형태로 구성'되었다는 데 주목하자. 일반적으로 메일 제목은 〈○○에 관한 보고〉와 같이 명사로 적을 때가 많다. 이를 문장으로 표현하면 읽는 사람에게 말을 거는 듯한 인상을 줄 수 있다. 혹시 예시로 든 제목에 마침표가 찍혀 있다는 사실을 알아챈 사람이 있을까? 마침표는 본래 메일 제목에는 불필요하다. 이를 일부러 넣으면 비즈니스 분위기가 확 줄어들어서 친근한 느낌을 전해줄 수 있다.

179 둘만 아는 이야기를 언급해라

둘이서 나눈 대화 내용을 포함시키자

여성은 대체로 '비밀 이야기'를 좋아한다. "이건 비밀이야"라면서 다른 사람과 비밀을 공유한다. 그렇게 '우리만의 비밀'은 이 사람에서 저 사람에게로 퍼져나가고, 여성은 사내 사정에 정통하게 된다. 이는 여성의 '친화 욕구'가 남성보다 강하기 때문이라고 알려져 있다. 물론 남성에게도 친화 욕구는 있다. 여성이든 남성이든 메일을 주고받을 때 둘밖에 모르는 이야기를 슬쩍 넣으면 친밀함을 더욱 부각시킬 수 있다. 이전에 만났을 때 둘이서 나눈 대화의 내용을 포함시켜보자.

180 긍정적인 서두로 시작해라

글에도 '초두 효과'가 있다

136에서 설명한 '초두 효과'는 메일을 쓸 때도 효과적이다. 글도 첫인상이 중요하다. 서두는 밝고 긍정적인 편이 좋다. '마지막까지 읽으면 전체 내용이 긍정적이라는 사실을 알게 되겠지'라는 생각은 혼자만의 착각이다. 그보다는 앞 항목에서 언급한 '둘만의 비밀' 등을 서두에 언급하여 두 사람의 관계가 긍정적임을 어필한 후에 본론으로 넘어가는 것이 편이 좋다. 예를 들어 "일전에는 즐거웠습니다. ○○ 씨도 오페라를 좋아하시다니, 취미가 같은 사람을 만나 정말 기쁩니다"와 같은 식으로 적으면 된다.

181 문체를 흉내 내서 적어라

받은 메일의 특징을 연구하자

089에서 설명한 '동조 댄스'가 여기에서도 도움이 된다. 누구나 자신의 이야기에 장단을 맞춰주는 사람에게 호감을 느낀다. 문장에서도 마찬가지다. 받은 메일의 내용이 편안하고 가볍다면 그에 맞춰서 답장을 쓰는 편이 좋다. 만약 줄을 빈번하게 바꾸거나 느낌표를 자주 썼다면 그에 맞춰 비슷한 스타일로 메일을 보내면 된다. 즉 받은 메일의 문체를 흉내 내는 것이 좋다. 호감을 직접 드러내지 않아도 문체가 이를 대신해줄 것이다.

> 메일에 전화로 답을 하는 행동은 갈등의 씨앗이 되기도 합니다.

| TIP | **메일이 오면 메일로 답을 보내자**

메일로 의사소통을 나누는 데 불신을 가진 사람도 있다. 그런데 메일에는 메일로 답하는 편이 좋다. 이는 181에서 언급한 '문체 흉내 내기' 이전의 문제다. 메일을 보내왔는데 전화로 답을 한다거나, 갑자기 직접 자리로 찾아가는 반응을 보이면 갈등이나 거리감의 씨앗이 되기도 한다. 메일에 메일로 답하는 것 역시 큰 의미에서 보면 '동조 댄스'다.

182 눈에 띄게 하고 싶은 내용을 추신으로 덧붙여라

문장이 지닌 특유의 양식을 활용하자

본래 '추신'이란 편지에서 본문에 쓰지 못한 내용을 덧붙이는 난이다. 그런데 전자우편은 아주 쉽게 고칠 수 있어서 '추신'을 붙인다는 것이 부자연스럽다. 비즈니스 세계에서는 어쩌면 예의에 어긋난 일일수도 있다. 어쨌든 '추신'이라는 말이 붙으면 글에 단락이 지어져서 그 이후에 오는 문장이 도드라진다. 이 부분에 중요한 안건을 은근슬쩍 집어넣으면 173의 '미완성 효과'가 일어나서 관심을 끌어당길 수 있다. 아주 어색하거나 낯선 관계가 아니라면 "이 안건은 어떻게 되었나요?" 하고 '추신'을 활용해 보자.

추신! 다음에 꼭 같이…

183 송신 간격에 맞춰서 답신을 보내라

바로 답신을 하는 것이 꼭 좋지만은 않다

업무 메일이라면 바로 답하는 것이 기본이다. 그러나 이성 간의 메일도 그럴까? 여성에게서 메일을 받으면 많은 남성이 '바로 답을 해야 좋을까, 아니면 뜸을 들였다가 보내야 할까?' 하는 두 가지 선택지 사이에서 갈등한다. '미러링(116 참조)'를 생각하다면 심리학적으로는 상대의 송신 간격에 맞춰서 답을 보내는 것이 제일 좋다. 만약 30분 이내에 답을 해주는 사람이라면 나도 재빨리 답을 해주는 것이 좋고, 하루가 지나서 답을 해준다면 나도 느긋하게 답을 하면 된다. 태평한 이성에게 너무 부지런히 답을 하면 상대는 오히려 부담스러워한다.

184 최적의 타이밍에 답신을 보내고 싶을 때 ②
메일이 온 것을 알았을 때 바로 답한다

답신 타이밍이 자연스럽게 조절된다

앞 항목에서 여성에게 메일을 보낼 때는 송신 간격에 맞춰서 답을 하는 것이 좋다고 이야기했다. 그러나 계속 메일만 들여다보고 있을 수만은 없다. 바빠서 메일을 자주 확인하기 어렵다면 '메일이 왔다는 사실을 알았을 때 바로 답신'을 보내자. 이렇게 하면 한가할 때는 바로 답신을 보내게 되고 바쁠 때는 좀 뒤늦게 답신을 보내게 된다. 자연스럽게 송신 타이밍에 '완급'이 생겨서 어떨 때는 기다렸다는 듯이 답을 할 수 있고, 어떨 때는 상대를 초조하게 만들 수도 있다. 이 간격이 당신을 '신경 쓰이는 존재'로 만들어줄 것이다.

받은 메일의 문장에
한 줄을 더해라

공감과 배려의 마음을 담아서 한 줄을 보태자

이성에게 메일을 보낼 때는 '답신 타이밍'은 물론 '답신 길이'도 고민이 된다. '미러링' 효과를 노린다면 이 역시 받은 메일의 문장 길이와 비슷한 양으로 만드는 편이 좋다. 만약 '당신을 소중하게 생각하고 있습니다'라는 마음을 자연스럽게 담고 싶다면 딱 한 줄을 더 쓰도록 해보자. 예를 들어 "오늘은 야근이라서 피곤했어요"라는 메일이 왔다면, "야근하느라 수고했어요. 다음에 맛있는 거 먹으면서 스트레스 풉시다!"라고 공감과 배려의 문장을 한 줄 더해주면 된다.

서툴러도 좋으니까
직접 써서 편지를 보내는
편이 좋습니다.

TIP 요즘 같은 시대에서 '손 편지'가 가진 힘

영화 〈태양은 가득히〉에서 알랑 드롱(Alain Delon)이 연기하는 주인공은 한 남성을 살해하고 그 남성을 사칭하고 다닌다. 그러면서 타자기로 친 러브레터를 그 남성의 연인에게 보내는데, 편지를 받은 여성은 "차가운 사람 같으니"라고 투덜거린다. 타자기로 친 편지에서 사랑을 느낄 수 없었기 때문이다. 148에서도 설명했듯 '당신을 특별한 존재로 여기고 있다'라는 느낌을 전하고 싶다면 기계가 아닌 손으로 직접 써야 한다.

186 감정을 구체적으로 표현해라

정형화된 글로는 '감정'을 전달하기 어렵다

비즈니스 메일은 형식이 거의 정해져 있어서 얼핏 정중해 보이지만 '당신을 소중히 여기고 있습니다'라는 느낌을 전달하기는 어렵다. 감사 메일도 마찬가지다. "감사합니다"라는 형식적인 말로는 느낌이 잘 살지 않는다. 남에게서 긍정적인 평가를 받고 싶어 하는 심리를 '승인 욕구'라고 부르는데, 감사 메일을 쓸 때는 "모처럼 정말 즐거운 시간을 보냈습니다"와 같이 긍정적인 표현으로 이 승인 욕구를 채워주는 것이 좋다. 또한 "이렇게 즐거운 이벤트는 처음이었습니다"와 같이 감정을 구체적으로 강조하여 '진정성'을 연출해야 한다.

187

진정성 있는 사과 메일로 보이고 싶을 때

반성하고 있음을 알려라

사과는 너무 무겁지도, 너무 가볍지도 않게

사과 메일의 목적은 '사과의 뜻이 담긴 말'을 전달하여 화를 누그러뜨리는 데 있다. 그런데 이 '말'을 선택하기가 쉽지 않다. "죄송합니다"라는 말만으로는 어쩐지 기계적인 느낌이 들고, 사안의 경중에 따라 다르겠지만 "변명의 여지가 없습니다. 입이 열 개라도 할 말이 없습니다"라는 상투어는 어쩐지 좀 과하다는 느낌이 든다. 핵심은 '이 상황을 심각하게 여기고 있다'라는 느낌을 전하는 것이다. "제가 하지 말아야 할 실수를 했습니다. 깊이 반성하고 있습니다"와 같이 너무 무겁지도, 너무 가볍지도 않은 문장으로 메일을 보내보자.

188 기분 상하지 않게 거절하고 싶을 때
마음만은 간절하다는 뜻을 내비쳐라

우선은 감사하다는 말로 시작하자

특별한 행사나 모임에 초대를 받았지만 바빠서 갈 수 없을 때 사람들은 흔히 "참석하지 못해서 죄송합니다" 하고 '사과'에 중점을 둔다. 그러나 정작 당사자가 듣고 싶어 하는 것은 사과보다 '초대해줘서 기뻤다'라는 말이다. 거절 메일을 보내야 할 때는 우선 '권해준 것에 대해 감사를 전하는 말'로 시작해보자. 일단 이렇게 마음을 사로잡은 후에 "지금 당장에라도 달려가고 싶지만…", "도저히 일정이 맞지 않아서 정말로 유감입니다"와 같이 가고 싶지만 갈 수 없는 마음을 드러내자. 이렇게만 해도 불참하는 무례를 쉽게 만회할 수 있다.

무거운 내용을 중간에 넣어라

마치 기복이 있는 한 편의 이야기처럼 전하자

일에서든 연애에서는 좋지 못한 이야기를 처음부터 꺼내는 것(점강화법)은 생각해봐야 할 문제다. 그렇다고 마지막에 꺼내는 것(점층화법)도 화나게 만들 뿐이다. 이럴 때는 나쁜 내용을 밝고 즐거운 내용 사이에 끼워서 전달해보자. "기쁘게도 이번 상품이 아주 좋은 평가를 받았습니다"→"다만, 예상 이상으로 반응이 좋아서 납품이 많이 늦어질 듯합니다"→"전력을 다해서 생산하는 중이므로 월말까지는 모두 납품할 수 있습니다"와 같이 기복이 느껴지도록 구성하여 전달하면 좋지 못한 상황이 다소 좋은 쪽으로 위장된다.

멋진 메시지를 보내고 싶을 때

좋아하는 위인의 명언을 인용해라

좋아하는 인물의 말에는 설득력이 있다

누군가 힘들어할 때 힘이 되는 격려의 말이나 적절한 위로의 말이 떠오르지 않아 곤란했던 경험을 해보았을 것이다. 편지나 메일을 쓸 때면 더욱 그렇다. 이럴 때는 그 사람이 좋아하는 위인이나 유명인의 '명언'을 인용해보자. 예컨대 영화를 좋아하는 사람에게는 채플린(Charles Chaplin)의 "아래만 보고 있으면 무지개를 찾을 수 없어요"라는 격려의 말이 다른 말보다 더 큰 울림을 줄 것이다. 애초에 자신이 좋아하는 인물을 기억해준다는 것 자체가 기쁜 일이다.

으흠…, 좋은 말이야!

제5장 한 장 정리

01 기획서나 비즈니스 메일에 틀에 박힌 형식에서 조금 벗어나 구어체의 스스럼없는 표현을 넣어보자. 읽는 이의 마음에 더 강한 인상을 남길 수 있다.

02 문장으로 설득할 때는 직접 만났을 때와 다르게 분위기의 힘을 빌리기 어렵다. 제시할 정보는 미리 다 제시하여 성실하고 진실한 모습을 보이는 편이 더 효과가 좋다.

03 직접 만나서 오가는 의사소통과 마찬가지로 메일을 주고받을 경우에도 '동조 댄스'가 큰 도움이 된다. 받은 메일을 자세히 관찰해보자.

04 '제목'이나 '추신' 등 문장 특유의 형식을 활용하면 자신의 존재감을 더욱 부각시킬 수 있다.

TEST

Q1 기획서를 쓸 때 어떤 문체를 쓰는 편이 더 좋을까?

    A 형식에 얽매인, 격식을 차린 문체

    B 입말에 가까운, 기세가 느껴지는 문체

Q2 부정확한 자료를 포함시켜야 할 때는 어떻게 써야 할까?

    A "아마 이 정도는 될 겁니다"와 같은 예측을 쓴다

    B "현재 집계 중이므로 결과가 나오는 대로 보고하겠습니다."

Q3 영어 학원 광고에서 더 많은 사람의 마음을 사로잡을 수 있는 것은?

    A "1개월이면 토익 점수 800점!"

    B "전 세계 사람과 친구가 될 수 있다!"

Q4 비즈니스 메일에서 '!'를 써도 될까?

    A 상대가 쓰면 나도 쓴다

    B 예의에 어긋나므로 쓰지 않는다

Q5 메일에서 강조하고 싶은 내용이 있을 때는?

    A 해당 내용을 굵게 표시한다

    B '추신'으로 덧붙인다

Q6 여성이 메일을 보내왔다면 언제 답신을 보내야 할까?

    A 메일이 왔다는 사실을 알자마자 보낸다

    B 하루 정도는 뜸을 들여서 초조하게 만들어야 한다

Q7 여성에게 답신을 보낼 때 알맞은 문장의 길이는?

    A 받은 메일에 한 줄 더하는 정도로 쓴다

    B 다양한 내용을 넣어서 길게 쓴다

Q8 비즈니스 상대에게서 모임에 참석하라는 권유를 받았지만 갈 수 없을 때 어떻게 답신하면 좋을까?

    A 갈 수 없는 이유를 설명한다

    B 권해줘서 고맙다는 내용을 중심으로 답신을 보낸다

ANSWER

Q1→B(172 참조)
Q2→B(173 참조)
Q3→B(175 참조)
Q4→A(181 참조)
Q5→B(182 참조)
Q6→A(184 참조)
Q7→A(185 참조)
Q8→B(188 참조)

편지에 비하면
메일은 보급된 지 얼마 안 된 문화입니다.
현재로서는 어떻게 해야 한다는 예의가
정해져 있지 않으므로
자유로운 내용과 형식으로
마음을 사로잡아 보세요.

제**6**장

이성을 끌어당기는
'연애' 심리기술

191

우연을 가장해
여러 번 마주쳐라

눈에 여러 번 띄기만 하면 된다

마음에 둔 이성에게 내 존재를 더욱 강하게 알리고 싶다면 일단은 그 이성의 눈에 자주 띄는 것이 좋다. 반복해서 마주침으로써 점차 호감을 갖게 되는 심리현상을 '단순 노출 효과'라고 부른다. 텔레비전에 나오는 아이돌이든, 같은 학급 학생이든, 같은 회사 동료든 자주 접해야 관심과 애정이 싹튼다. 꼭 대화를 나눌 필요는 없다. 그곳에 있는 이유를 설명할 필요도 없다. 그저 여러 번 눈에 띄기만 하면 된다. 이것은 이성에게 호감을 사기 위한 가장 기본적인 작전이다.

이런 데서 만나다니
우연이네요!

192 자꾸 시선을 마주쳐라

시선이 마주치면 이때다 싶게 미소를 띄우자

눈은 다양한 심리상태를 반영한다. 다른 말로 하면 시선은 감정을 전달하는 전령사다. 시선을 보내기 위해 둘이서 마주앉아 대화를 나눌 필요는 없다. 그저 짝사랑하는 사람을 넌지시 응시하면 된다. 그리고 순간 시선이 마주쳤을 때 평소에는 잘 보여주지 않았던 환한 얼굴로 그 시선에 답을 해보자. 그러면 '당신은 내게 특별한 존재입니다'라는 메시지를 보낼 수 있다. 여러 번 이런 행동을 반복하면 어지간히 둔한 사람이 아닌 이상 당신의 마음을 알아챌 것이다.

193 취미가 같음을 어필한다

사적인 영역에 들어가고 싶다는 의사 표시

사람과 사람이 좋은 관계를 맺는 데 있어 서로 간의 유사성은 매우 큰 역할을 담당한다. 호감이 가는 사람이 있다면 '당신과 나는 닮았다'라는 어필을 해보자. 이럴 때 효과적인 기술이 '취미가 같음'을 강조하는 것이다. 예를 들어 이성이 어떤 영화가 재미있었다고 추천을 해준다면 며칠 뒤에 "추천해주신 그 영화, 정말 재미있었어요!"라고 감상을 말하면 된다. 그러면 그 사람은 '성향이 같은 사람인가보네'라고 생각한다. 만약 업무 관계로 만난 사람이라면 취미 이야기를 하는 것 자체가 '당신의 사적인 영역에 들어가고 싶다'라는 뜻이 되어 둘 사이의 거리감을 많이 줄일 수 있다.

194 좋아하는 사람에게 도움을 받아라

좋아하니까 도와주었다고 생각하게 만들자

마음에 두고 있는 이성이 곤란을 겪고 있을 때 도움의 손길을 내밀면 그 사람은 당신에게 호감을 느끼게 될지도 모른다. 그런데 반대로 당신이 도움을 받음으로써 그 사람의 마음에 불을 지필 수도 있다. 누군가를 도우면 '내가 좋아하니까 도와주었겠지?'라는 심리가 작용한다. 싫어하는 사람을 도우면 실제와 취한 행동 사이에서 모순이 발생되기 때문이다. 이 모순을 '인지적 불협화(Cognitive Dissonance)'라고 한다. 사람은 이 인지적 불협화를 해소하기 위해 자기합리화를 택하는 경향이 있다. 즉 '그 사람을 좋아하니까 도와주었다'라고 생각하기 시작한다.

195 걱정하는 마음을 드러낸다

마음을 쓰고 있음을 알리자

내게 호의를 가진 사람에게 나도 호의를 갖게 되는 심리를 '호의의 보답성'이라고 부른다. 특히 연애에서 관계를 발전시키고 싶다면 그 사람에 대한 호의를 항상 드러내야 한다. 일본의 한 주간지가 조사한 바에 따르면, 남성이 한 말 중에서 여성이 좋아했던 말의 상위권에 "괜찮아요? 너무 무리하지는 말아요"와 같은 걱정의 말들이 열거되었다고 한다. '나는 당신에게 마음을 쓰고 있습니다'라는 마음을 자연스럽게 이성에게 전하고 싶다면 이러한 걱정의 말들을 건네 보자. 그러면 그 사람도 '어쩐지 이 사람과는 많은 이야기를 할 수 있을 것 같아'라고 생각해 두 사람의 관계가 한층 더 가까워지게 될 것이다.

외모보다 분위기를 칭찬해라

애매한 말이 오히려 마음을 자극한다

여성에게는 어떤 칭찬을 하면 좋을까? 예쁘다고 하자니 미인이라면 이미 많이 들어서 식상해할 것 같고, 미인이 아니라면 영혼이 없는 빈 말이라고 기분 나빠할 것 같고…. 사실 여성이 좋아하는 말은 외모보다는 분위기를 칭찬하는 말이다. 예를 들어 옷차림이 화려한 여성에게는 "매력적인 아우라를 풍기시네요"라고 하면 좋고, 수수한 여성에게는 "분위기가 참 맑고 깨끗하시네요"라고 하면 좋다. 이는 누구에게나 해당되는 보편적인 말이지만 '내 개성을 칭찬하는구나'라고 받아들인다. 이를 심리학에서는 '바넘 효과(Barnum Effect)'라고 부른다.

> 사람은
> 나를 좋아해주는 사람을
> 좋아합니다.

TIP '호의의 보답성'을 실험으로 확인하다

버릇, 말투, 용모 등에 관한 항목을 나열해놓고, 그 사람을 어느 정도로 좋아하느냐고 물은 뒤에 1~7까지 점수를 매기도록 했다. 먼저 A가 X와 Y를 평가했는데 이때 거짓으로 X에게 7점을, Y에게 1점을 주게 했다. 이어서 X와 Y에게 A의 평가 점수를 알려주고, 이번에는 X와 Y에게 A에 대한 호의의 정도를 평가하게 했다. 그랬더니 X가 7점을, Y가 1점을 주었다고 한다.

의외의 면을 이야기해라

'나를 잘 알고 있다'고 생각하게 만들자

앞 항목에서 소개한 '바넘 효과'를 좀 더 활용하고 싶다면, 이성이 평소 듣지 못했을 것 같은 면을 찾아서 칭찬해주자. 주위 사람에게 순하고 착실하다는 평을 듣는 사람에게 "의외로 승부사 기질이 있으시네요"라고 이야기를 한다든가, 낙천적으로 보이는 사람에게 "여러 가지 면을 의외로 냉정하게 평가하시는군요"라고 말하는 등 의외성을 지적하는 형태로 말을 건네는 것이다. 그러면 '이 사람은 나를 알아주는구나!'라고 '착각'한다. 직접적으로 칭찬하기가 어쩐지 부끄럽고 멋쩍다면 이 방법을 써보자.

198 티 내지 말고 특별하게 대해라

무심히 던지는 한 마디로 '특별한 존재'임을 알리자

두 사람의 관계를 발전시키고 싶다면 '당신은 내게 특별한 존재입니다'라는 메시지를 계속해서 전해야 한다. 물론 노골적으로 "당신은 특별합니다"라고 말하기는 쉽지 않다. 또한 여러 사람 앞에서 그 사람만 특별하게 대하기도 어렵다. 이럴 때는 무심한 듯 티 안 나게 말 한 마디를 툭 던지는 것이 좋다. 예를 들어 회식 자리에서 그 사람의 옆자리로 이동하게 되었다면 "이 자리는 어쩐지 더 덥네요"라고 말해보자. 이런 천연덕스러운 말을 들은 이성은 '나를 특별하게 여기는구나' 하는 생각을 하게 될 것이다.

199

같은 직장의 이성과 더 가까워지고 싶을 때

같은 프로젝트나 모임에 참가해라

뻔한 패턴에서 벗어나자

직장에서의 이성 관계는 의외로 패턴이 정해져 있다. A와는 회식 자리에 서만 마주친다거나 B와는 업무 문제로만 이야기를 나누게 된다거나 하는 식이다. 만약 직장 내에 마음에 두고 있는 사람이 있는데 도무지 거리가 좁혀지지 않는다면 이 패턴에 너무 빠져 있는 것은 아닌지 생각해봐야 한 다. 이럴 때는 이 패턴을 무너뜨릴 필요가 있다. 어떤 프로젝트나 모임에 좋아하는 이성이 참가하게 되었다면 자신도 같이 참가하는 등 좀 더 적극 적으로 다가갈 방법을 찾아보자.

200 비밀을 조금씩 털어놓아라

자신을 드러내는 것은 좋지만 신중하게

누군가에 잘 보이고 싶어서 좋은 면만 어필하는 것을 '자기 제시(Self-presentation)'라고 부른다. 물론 좋은 면만을 보여주고 싶어 하는 심리는 누구나 가지고 있다. 그러나 이성 관계를 좀 더 깊고 끈끈하게 만들고 싶다면 자신의 약점도 함께 알려야 한다. 남들은 모르는 비밀을 내게만 털어놓았다고 싫어할 사람은 많지 않다. 단, 사생활을 고백할 때는 상대와 보조를 맞추어야 한다. 자신에 대해서 털어놓을 때 조금씩 여러 번에 걸쳐서 점층적으로 시도하는 편이 좋다.

201

이성과의 거리를 좁히고 싶을 때 ②

약간의 실수도 도움이 된다

의외의 모습을 보여주자

이런 실험이 있었다. 한눈에도 빈틈없어 보이는 신사가 여성과 함께 찻집에 들어가 커피를 주문했다. 그런데 이 신사는 어처구니없게도 커피를 쏟고 말았다. 물론 이는 실험을 위한 연기였다. 과연 여성은 어떤 인상을 받았을까? 남성의 이미지가 '가까이 다가가기 어려운 신사'에서 '귀여운 아저씨'로 바뀌었다고 한다. 완벽한 사람보다 허점이 있는 사람이 더 매력적으로 보이는 현상을 심리학에서는 '실수 효과(Pratfall Effect)'라고 부른다. '남들은 모르는 의외의 모습을 나는 알고 있다'라는 생각이 그 사람을 더욱 매력적으로 느껴지게 한다. 단, 이는 평소 실수를 하지 않을 것처럼 보이는 사람에게만 해당되는 이야기다.

> 겉모습과 똑같은 사람은
> 이성이 보기에
> 별 재미가 없답니다

> **TIP** 의외성이 지닌 놀라운 효과
>
> 201에서 설명한 '실수 효과'의 예를 좀 더 들면, 평소에는 '미남 배우'로 활약하던 배우가 텔레비전의 예능 프로그램이나 광고에서 우스꽝스러운 모습을 연기하는 등 새로운 일면을 보여주어 시청자의 호감을 사는 경우가 있다. 연애에서도 마찬가지다. 의외의 일면은 그 사람에 대한 평가를 바꿔놓을 만큼 강렬한 인상을 남기고 호감도를 높이는 데 큰 효과를 발휘한다.

202 부족한 부분을 서로 보완해줄 수 있는지 보라

만남은 유사성, 결혼은 상보성

취미나 생활 태도, 세상을 보는 시선 등이 서로 비슷한 사람들이 그렇지 않은 사람들에 비해 더 쉽게 연인 관계로 발전한다. 남녀가 처음 만날 때는 '유사성(類似性)'이 더 큰 힘을 발휘하지만, 관계가 깊어져서 결혼을 하게 되면 다른 요소, 즉 서로에게 부족한 부분을 채워줄 수 있는 '상보성(相補性)'이 필요해진다. 정리정돈을 잘 못하는 여성에게는 깔끔함을 좋아하는 남성이 도움이 되고, 경제관념이 희박한 남성에게는 가계를 잘 꾸려나가는 여성이 도움이 된다. 이렇게 서로 도울 수만 있다면 더욱 깊은 관계를 맺을 수 있다.

203

이성과의 거리를 좁히고 싶을 때 ④

일부러 부탁을 해서
도움을 받아라

손이 갈수록 정이 간다

자신이 깊이 관여한 일이나 사람에게 더 큰 관심을 쏟을 때 심리학에서는 이를 '자아관여'의 상태에 놓여 있다고 말한다. 한 조사에 따르면, 돈을 빌려준 사람은 빌린 사람에게 예전보다 더 큰 호의를 품게 된다고 한다. 일본 속담 중에 '아이가 바보 같을수록 귀엽다'라는 말이 있다. 어리바리해서 손이 많이 간 아이에게 더 많은 애정을 쏟게 된다는 뜻이다. '손이 많이 가는 존재'가 되는 것이 때로는 연인으로 발전하는 계기가 된다. 같은 직장에 마음에 두고 있는 사람이 있다면 조금 번거로운 부탁을 해서 도움을 받아보자.

204 매력을 어필하고 싶을 때
장점으로 단점을 덮는다

'양면 제시'로 장점을 도드라지게 하자

매력을 어필하는 데는 두 가지 방법이 있다. 하나는 장점만을 드러내서 상대의 마음을 끌어당기는 '단면 제시'이고, 다른 하나는 장점과 단점을 모두 드러내는 '양면 제시'다. 단점은 언젠가는 드러날 테니 나중을 생각한다면 전자보다는 후자인 양면 제시가 훨씬 효과적이다. 예컨대 "나는 청소는 잘 못하지만 너를 위해 맛있는 음식을 만들어줄 수 있어"라고 단점을 먼저 끄집어내면 뒤에 오는 장점이 더욱 부각된다. 결혼까지 생각하는 사람이라면 이 방법으로 자신의 장점을 어필해보자.

> 연애가 막 시작되었을 때는 단면 제시가 더 효과적입니다.

TIP 양면 제시와 단면 제시를 구분해서 사용하자

우수한 영업사원은 양면 제시로 상품을 팔 때가 많다. "이 상품에는 ○○라는 결점이 있지만, △△라는 점에 있어서는 단연코 최고라고 자부할 수 있습니다"와 같은 식이다. 그런데 만약 상대가 이미 상품을 좋게 평가했다면 이때는 단면 제시로 밀어붙인다고 한다. 연애도 마찬가지다. 관계가 막 시작된 상태에서는 양면 제시보다 단면 제시가 더 효과적이다. 서로의 장점을 부각하면 관계가 깊어질 가능성이 크다.

205 고민 상담을 해줄 때는 맞장구를 치며 들어줘라

일단은 잘 들어줘야 한다

직장 동료 여성이 당신에게 업무 문제로 고민을 털어놓았다고 해보자. "○ 과장님이 뭘 하고 싶어 하시는지 도통 모르겠어요"와 같은 내용이다. 어떠한 일이 있더라도 입 밖에 내서는 안 되는 말이 "△△ 씨 태도가 문제야"라는 식의 설교다. 또한 이건 이렇고 저건 저렇다고 해결책을 늘어놓는 것도 바람직하지 않다. 여성이 고민 상담을 해달라는 말은 해결책을 내놓으라는 뜻이 아니다. 단지 자신의 괴로움을 들어달라는 뜻일 뿐이다. 그러므로 "맞아, 그럴 때는 참 힘들지" 하고 맞장구를 치면서 잘 들어주는 것이 정답이다.

206 메시지 답신을 자주 해라

여성과 남성은 연락에 대한 생각이 다르다

일이 있을 때마다 그녀가 메시지를 보내와서 난감해하는 남성이 적지 않다. 그런데 이 차이를 알아야 한다. 남성에게 문자 메시지나 메신저는 도구적 커뮤니케이션, 즉 정보를 전달하거나 어떤 목적을 이루기 위한 수단에 불과하다. 그러나 여성에게 이것들은 표현적 커뮤니케이션, 즉 생각이나 감정을 표현하고 전달하는 수단이다. 여성은 서로가 이어져 있다는 느낌을 받고 싶어서 메시지를 보낸다. 이를 부정하는 것은 여성의 감정을 부정하는 것과 같다. 여성이 메시지를 보내오면 짧게라도 답을 보내주자.

207
간접 고백으로
마음을 전달해라

내 감정을 소문내서 상대의 귀에 들어가게 하자

짝사랑하는 사람에게 망설임 없이 고백할 수 있다면 비록 그 자리에서 거절을 당할지언정 정면 승부를 걸면 된다. 그러나 이런 직접적인 고백이 어렵다면 '간접적으로 고백'을 해보자. 그 사람을 마음에 두고 있다는 사실을 제3자에게 알려 '소문'이라는 형태로 귀에 들어가게 만든다. 소문은 놀라울 정도로 빠르게 퍼진다. 가능하다면 처음에는 "△△ 씨가 별로 안 좋아하는 것 같아"라고 부정적인 평가를 흘리고 나서 다시 한 번 "아니었네, 사실은 좋아하고 있나봐"라는 소문을 내보자. 부정적인 평가에서 긍정적인 평가로 바뀌면 긍정적인 평가에 대한 느낌이 더욱 크게 다가온다.

208 다른 이성에게 대시를 받은 사실을 넌지시 흘려라

손에 넣기 어려운 사람이라는 인상을 주자

사람은 한정품에 약한 법이다. '기간 한정'이라는 소리를 들으면 평소에는 그다지 흥미가 없었던 물건인데도 갑자기 갖고 싶은 마음이 든다. 손에 넣기 힘든 물건일수록 가치가 올라가는 현상을 '희소성의 원리'라고 부르는데, 실제 판매 현장에서 많이 쓰이는 방법이므로 물건을 구입할 때는 혹여 이런 심리에 부채질을 당한 것은 아닌지 잘 따져봐야 한다. 어쨌든 연애에서도 이 희소성의 원리를 응용할 수 있다. 상대와 만나는 횟수를 제한한다든가 다른 이성에게서 대시를 받았다는 사실을 넌지시 비추면 된다. 상대의 연심이 불타오를지도 모른다.

209 선물을 자주 해라

큰 선물이든 작은 선물이든 똑같이 한 번만 기쁘다

생일과 크리스마스 때 제대로 된 선물을 보냈건만 "당신은 내게 아무것
도 해주지 않네요"라고 울적해하는 여자친구. 유별난 철부지여서 이런 불
평을 하는 걸까? 아니, 그렇지 않다. 남성은 아마 제대로 된 큰 선물을 짜
잔 하고 보내는 데 의미를 두었을 것이다. 그러나 여성은 그런 큰 선물이
나 평소의 사소한 배려나, '한 번의 마음 씀씀이'라는 점에서 다 똑같이 받
아들인다. 여성에게는 선물을 자주 하는 것이 중요하다. 꼭 물건이 아니어
도 된다. 피곤해할 때는 걱정의 말을, 낙담해 있을 때는 위로의 말을 건네
면 된다. 모두 중요한 한 번의 선물이다.

210 지나치게 비싼 선물은 하지 마라

선물로 부담감을 느끼게 해서는 안 된다

선물로 마음을 사로잡는 것은 나쁜 행동이 아니다. 그렇지만 호감을 받길 원한다면 한 가지 규칙을 지키도록 하자. 즉 받은 물건과 동등한 물건을 선물해야 한다. 고가의 선물을 보내면서 "내가 주고 싶어서 그러니까 너무 신경 쓰지 마"라고 말하는 것도 생각해봐야 할 일이다. 선물을 받으면 '호의의 보답성'이라는 심리가 생긴다. 신경 쓰지 말라고는 했지만 부담스러운 생각이 들면서 감춰진 의도가 있지는 않은지 의심하게 된다. 선물의 금액은 '이 정도면 받아도 괜찮겠네'라는 생각이 들 정도가 제일 좋다.

211

데이트 신청이 성사되길 원할 때

차부터 마시자고 한다

먼저 작은 요구로 승낙을 얻어내자

영업 방법 중에 '발부터 들여놓기(001 참조)'라고 부르는 기술이 있다. 방문 영업을 할 때 "우선은 이야기만이라도"라고 말하면서 한 발을 문 안에 들여놓으면 '이야기만이라면 괜찮겠지' 하는 마음으로 문을 쉽게 열어준다. 물론 '이야기만' 하고 끝나지는 않는다. 어쨌든 이렇게 들어주기 어려운 요구를 해야 할 때는 아주 작은 부탁부터 시작해보자. "차만 한 잔 해요"→"점심이나 먹어요"→"영화라도 볼까요?"→"우리 사귑시다"와 같은 식이다. 작은 부탁의 승낙이 더 큰 부탁의 승낙으로 이어지는 지름길이다.

212

첫 데이트에서 좋은 인상을 주고 싶을 때

이성과 같은 스타일의
옷을 입어라

어쨌든 흉내 내는 것이 좋다

미국에는 '상사 흉내는 출세의 지름길'이라는 이야기가 있다. 출세하고 싶으면 옷, 몸짓, 말투, 취미 등 무엇이든 다 상사를 따라 하라는 말이다. 직장에서만 그런 것이 아니다. 본래 비슷한 사람들끼리는 서로 호의를 갖기 쉽다. 이를 연애에도 응용해보자. 데이트를 하게 되면 사전에 이성의 패션 스타일을 알아봐서 비슷하게 옷을 입자. 일부러 따라 했다는 사실을 들켜도 문제가 되지는 않는다. 사람은 자신을 흉내 내는 사람을 보면 자신에 대한 호의를 알게 되어 덩달아 호의적으로 대한다.

213 첫 데이트 후에 만남이 지속되길 원할 때
헤어질 때 고맙다는 말을 잊지 말자

데이트에서 중요한 것은 헤어질 때다

첫 데이트가 성공적으로 끝나려는 참이다. 흡족해하는 얼굴을 보니 상대도 똑같은 생각을 하는 모양이다. 이때 중요한 것이 '헤어질 때의 인상'이다. 사람들은 마지막 기억을 가장 뚜렷하게 기억한다. 낡은 기억이 새로운 기억에 의해 잊혀 가는 현상을 심리학에서는 '역행 억제(Retroactive Inhibition)'라고 부른다. 즉 헤어질 때는 절대로 지친 기색을 보여서는 안 된다. '또 만나고 싶다'라는 생각을 하게 만들려면 "오늘 정말 즐거웠어요. 고마워요. 또 만나고 싶어요"라고 웃는 얼굴로 이야기하자. 그 즐거워 보이는 인상이 기억 속에 남는다.

214

느닷없이
여행을 가자고 해보라

큰 요구를 거절하게 하여 작은 요구를 승낙하게 만들자

거절할 만한 무리한 요구를 먼저 한 뒤 작은 요구로 승낙을 얻어내자. 211
과 완전히 반대가 되는 기술로 처음부터 큰 요구사항을 들이미는 방법도
있다. 누가 갑자기 1,000만 원을 빌려달라고 하면 누구든 난색을 표하며
거절을 한다. 그런데 "그럼, 50만 원이라도 어떻게 안 될까?"라고 확 낮추
면 '1,000만 원은 빌려주지 못하지만 그 정도는 해줘야겠다'라는 마음이
들지도 모른다. 거절할 만한 무리한 요구를 먼저 한 뒤 나중에 작은 요구
로 승낙을 얻어내는 기법을 '머리부터 들여놓기'라고 부른다. 이성에게 갑
자기 "같이 여행 갈래요?"라고 말해보자. 분명 거절할 텐데 그때 "그럼 점
심이라도"라고 본래의 요구, 즉 데이트 신청을 해보자.

215 함께 운동을 해라

좋아하기 때문에 두근거리는 걸까?

누군가를 좋아하면 가슴이 두근거린다. 그렇다면 그 반대의 경우는 어떨까? 인간은 생리현상을 단서로 자신의 감정을 이해하려고 든다. 그래서 심장이 두근거리면 비록 착각일지라도 '저 사람을 좋아하나보다' 하고 생각한다. 그러므로 데이트 때 심장이 두근거리는 상황을 만드는 것이 좋다. 달리기를 해도 좋고 놀이기구를 타도 좋다. 두근거림은 운동의 결과이지만 잠시 쉴 때, 아직 그 생리적인 흥분이 남아 있을 때 우리의 착각이 시작된다.

흔들다리를 건넌 그룹이 여성에게 더 많은 호감을 느꼈다고 합니다.

> **TIP** 심장의 두근거림은 사랑의 증표?
>
> 위의 심리를 증명하는 실험이 있었다. 캐나다의 심리학자 더튼(Donald Dutton)과 아론 (Aurthur Aron)은 남성을 두 그룹으로 나누고, 각각 낮은 강물 위의 탄탄한 다리와 절벽을 가로지르는 흔들다리를 건너게 했다. 다리 끝에서는 설문조사를 하는 매력적인 여자가 설문 결과가 궁금하면 연락을 하라며 연락처를 나눠주게 했다. 이 여성에게 전화를 많이 건 쪽은 흔들다리를 건넌 그룹이었다.

216 밤에 데이트해라

어두운 공간은 사랑을 키운다

사람들은 어둑한 조명의 근사한 레스토랑을 두고 '분위기가 좋다'고 말한
다. 실제로 어둑한 공간이 사랑의 분위기를 고조시키는 데 도움이 된다.
심리학자 가겐(Kenneth J. Gergen)은 실험을 통해 이 사실을 증명했다. 가
겐은 남녀가 반반인 그룹을 밝은 공간과 어두운 공간에 각각 들여보냈다.
그랬더니 밝은 공간에서는 남녀가 떨어져 앉아 있었고, 어두운 공간에서
는 남녀가 점차 가까이 앉아서 스킨십을 하기 시작했다. 잘 보이지 않는
만큼 속내를 드러내기도 쉽고, 어두운 곳에서 커진 동공이 마치 서로에게
호감을 보내는 듯한 착각을 일으키기 때문이다.

217 같이 술을 마셔라

두 사람의 거리를 단숨에 좁힐 수 있는 묘책이다

데이트를 시작하기는 했지만 다음 단계로 넘어가지 못한 채 일정한 거리만 유지하는 커플이 있다. 어쩌면 이 두 사람은 둘 사이에 놓인 탁자의 거리에 너무 익숙해져서 물리적으로 더 다가가려는 시도를 하지 못하고 있는지도 모른다. 이럴 때는 바에 가서 나란히 앉아 술을 한잔 해보자. 바에 앉으면 무릎이 닿을 만큼 가까이 앉게 된다. 즉 두 사람의 물리적인 거리가 좁혀지면서 서로의 영역에 진입한다. 물리적인 거리를 좁히면 심리적인 거리도 가까워진다.

218 때로는 차가운 태도를 취해라

좋아하는 마음과 싫어하는 마음을 동시에 전해보자

아주 좋아하는 이성에게 고백을 했다고 해보자. 그런데 상대가 짓궂은 얼굴로 웃음을 띠며 "난 너 싫어!"라고 말했다. 아마 당신은 그 모습에 더 애가 타게 될 것이다. 이렇게 '좋아한다'와 '싫어한다'를 동시에 전달하면 상대는 상반된 정보 속에서 이러지도 저러지도 못한다. 이런 상태를 '이중 구속(Double Bind)'이라고 부른다. 어느 쪽으로도 판단을 내리지 못하고 가슴만 졸이게 되는 것이다. 때로는 '저 사람이 정말 날 좋아하는 걸까?' 하고 생각하게 만드는 차가운 태도를 취해보자. 자극을 받으면 사랑을 더욱 불태울지도 모른다.

> 이중 구속은
> 이른바 '나쁜 남자'들이
> 자주 쓰는 수법입니다.

TIP '이중 구속'과 조현병

'이중 구속'은 미국의 인류학자 베이튼슨(Gregory Bateson)이 만든 말이다. 조현병(정신분열증)의 원인을 설명하는 하나의 가설로 발표되었다. 예를 들어 장난을 친 아이에게 엄마가 화를 낸 후에 "이제 화 안 낼 테니까 이리 와" 하고 말을 한다고 해보자. 그런데 표정이 화 난 채로 있으면 아이는 엄마의 진심을 판단하지 못하고 패닉 상태에 빠진다. 베이튼슨은 부모가 아이에게 반복적으로 주는 이러한 이중 구속 메시지가 조현병의 원인이 된다고 설명했다.

219 불안을 느낄 때가 기회다

비슷한 처지의 사람과 함께 하고픈 심리

사람은 가까운 가족에게 불행이 닥치면 불안정한 심리상태에 놓인다. 특히 집안의 기둥인 아버지가 사망하면 큰 슬픔을 느끼기 때문에 이럴 때는 연애를 운운할 수가 없다. 그런데 아이러니하게도 사람은 이럴 때 쉽게 사랑에 빠진다. 큰 불안이나 공포를 느끼면 누군가와, 특히 비슷한 처지의 사람과 함께 있고 싶은 마음이 들기 때문이다. 이러한 마음을 '친화 욕구'라고 부른다. 당신이 좋아하는 사람이 이러한 상태에 놓이면 그 불안함을 이해하고 공유하려고 노력하자. 그런 당신에게 이끌릴 것이다.

220 힘들 때 옆에 있어줘라

자기평가가 낮은 상태일 때 쉽게 사랑에 빠진다

이런 실험이 있었다. 두 여성에게 지능 테스트와 성격 테스트를 실시한 후 한쪽에는 "당신은 능력이 낮고 성격도 좋지 못합니다"라고 알려주고, 다른 쪽에는 "당신은 유능하고 성격도 좋습니다"라고 알려주었다. 이 두 여성을 각각 빈 방으로 돌려보내놓고 바람잡이인 남성을 들여보내서 여성에게 데이트 신청을 하게 했다. 승낙한 쪽은 어느 쪽일까? 정답은 나쁜 결과를 들은 쪽이었다. 자기평가가 낮을 때는 상대적으로 이성을 높게 평가하는 경향이 있다. 마음에 둔 이성이 상사에게 질책을 당했다면 그때를 노려서 말을 걸어보자.

221 답변을 재촉하지 마라

사랑은 때로 천천히 싹튼다

A여성에게 한눈에 반한 B남성이 있다. 문자에 전화까지 적극적으로 대시를 했지만 A의 반응은 사람이 너무 가볍다며 부정적이기만 하다. 그런데 놀랍게도 반년 후에 이 두 사람이 연인 관계로 발전했다. 어딘가에서 많이 들어본 듯한 이 이야기에는 '수면자 효과(Sleeper Effect)'라는 심리작용이 감춰져 있다. 수면자 효과란 처음 정보를 들었을 때는 믿지 못하다가 시간이 흐름에 따라 그 정보를 점점 더 믿게 되는 현상을 말한다. 때로는 고백을 한 후에 답변을 재촉하지 않고 그대로 놔두는 것이 좋은 방법일 수 있다.

저와 사귀어 주세요!

사랑 고백의 성공을 높이고 싶을 때 ②

꼭 성공한다고
스스로 암시를 걸어라

간절한 바람이 목표를 실현하기 위한 첫걸음이다

이 세상에는 "○○랑 꼭 사귀고 싶어!"라고 말한 후에 정말로 그 사람과 연인이 되는 사람이 있다. 단순히 '행운아'여서가 아니다. 간절히 원한 만큼 목표 실현을 위해 행동을 취했고, 그래서 그 행동들이 자기장을 일으켜 마치 중력과 같이 행운을 끌어당겼기 때문이다. 이를 심리학에서는 '자기 성취 예언(Self-fulfilling Prophecy)'이라고 부른다. 사귀고 싶은 사람이 있다면 우선은 간절히 원해볼 일이다. 그리고 연인이 되었을 때의 두 사람 모습을 상상해보자. 자기 암시의 효과가 서서히 나타날지도 모른다.

223 입원 중일 때 고백하면 확실하다

제한된 상황이 착각을 촉진한다

221과 같은 맥락에서 입원 환자는 친화 욕구가 높은 상태라고 할 수 있다. 조금 다른 시점의 이야기를 해보자. 사상을 개조하는 세뇌 실험 이야기다. 책도 잡지도 텔레비전도 라디오도 없는 곳에 들여보내면 피험자는 무엇이든 좋으니까 읽거나 들었으면 좋겠다는 생각을 한다. 이때 새로운 사상을 불어넣으면 피험자는 그 사상에 완전히 빠져든다. 입원도 어떤 의미에서는 이와 비슷한 상황이다. 병실이라는 제한된 상황이 착각을 촉진하기 때문에 입원 환자는 병문안을 오는 사람에게 특별한 매력을 느낀다.

224 비슷한 사람을 만나라

같은 가치관을 지니는 것이 중요하다

사람과 사람이 안정적으로 교제하는 데 있어 중요한 것은 두 사람의 유사한 가치관이다. 202에서 언급했던 '상보성'도 중요한 요소이긴 하지만, 미국의 한 연구에 따르면 안정적인 관계를 유지하는 커플은 교육, 종교, 경제, 정치 등의 문제에 유사한 태도를 취한다고 한다. 또한 취미나 시간 관리 등에 대해서도 기본적인 사고방식이 매우 비슷하다고 한다. 심리학에서는 공통점이 있는 상대에게 끌리는 현상을 '유사성의 법칙'이라고 말한다. 자신과 공통점이 많은 상대일수록 교제하면서 스트레스를 받지 않기 때문에 좋은 감정을 오랫동안 유지할 수 있다.

> 서로 닮게 되면
> 부부 사이가 좋아집니다.

TIP 서로 비슷한 부부는 얼굴도 닮는다

이런 실험이 있었다. 신혼부부 몇십 쌍과 은혼식을 맞이한 부부 몇십 쌍의 얼굴 사진을 남녀 별로 섞어놓고 피험자에게 유사성을 기준으로 서로 부부일 것 같은 남녀 사진을 고르게 했다. 그 결과 결혼 생활 25년 이상인 부부가 서로 짝지어진 경우가 많았다. 오랫동안 함께 지내면 얼굴의 주름이며 몸짓, 말투까지 닮아간다.

225 연인의 집 근처로 이사 가라

가까이 사는 것은 결혼으로 가는 지름길

미국의 심리학자 보사드(James Bossard)는 결혼한 부부 5,000쌍을 대상으로 결혼 전에 각각 살았던 지역을 조사했다. 그 결과 60% 이상이 같은 시내에, 25%가 같은 블록 내에 살았던 것으로 밝혀졌다. 즉 근처에 사는 사람과 이어질 확률이 높다. 달리 말하면 거리가 멀수록 결혼 성공률이 낮아진다. 이를 심리학자의 이름을 따서 '보사드의 법칙'이라고 부른다. 당연한 말이지만 근처에 살면 마주칠 기회도 많고 무슨 일이 있을 때 금방 달려갈 수도 있다. 물리적으로 가까운 거리가 심리적인 거리를 줄일 기회를 제공한다.

226 좋아하는 속도를 맞춰라

한쪽이 너무 좋아하면 균형이 깨진다

연애 초반에는 두 사람 다 사랑을 불태우지만 시간이 지나면 그런 열정은 사그라진다. 이 시기에 두 사람의 감정이 균형을 이루지 못하면 관계는 어긋난다. 어느 한쪽의 사랑이 더 강할 경우, 사랑을 받는 쪽은 점차 상대가 짐스러워진다. 그래서 둘 사이에 균형이 깨지면 사랑받는 쪽이 사랑하는 쪽보다 더 큰 힘을 갖게 되고, 결국 관심이 덜한 쪽이 관계를 주도한다. 이를 심리학에서는 '최소 관심의 원리'라고 부른다. 사랑받는 쪽은 강자, 사랑해서 이 관계를 유지하려고 드는 쪽은 약자가 되는 것이다. 이런 불균형은 붕괴를 초래한다.

227 사소한 장애를 기회로 여겨라

사랑은 어려움을 겪을수록 불타오른다

서로 사랑하는 두 남녀가 있다. 두 사람은 결혼하고 싶어 한다. 그런데 양쪽 집안은 철천지원수라서 이 둘의 관계를 허락하지 않는다. 결국 두 사람은… 주변인들의 반대가 있을 경우 애정이 더 절실해지고 깊어지는 현상을 '로미오와 줄리엣 효과'라고 한다. 셰익스피어(William Shakespeare)의 유명한 희곡에서 따온 말이다. 연애를 할 때 친구들이나 가족이 그 교제를 반대하거나 서로에 대한 험담을 늘어놓으면 오히려 '이 사랑을 관철시키고 말테다'라는 오기가 생긴다. 두 사람의 관계가 매너리즘에 빠졌다면 뭔가 장애물을 떠올려보면 어떨까?

> 차이면 차일수록
> 상대방이 매력적으로
> 보이는 경우도 있습니다.

TIP **가질 수 없는 것이 더 매력적이다**

남의 남자를 빼앗는 여성은 그 남자의 연인이나 배우자를 경쟁자로 인식하여 그 남자가 자신에게 넘어왔을 때 우월감을 느끼는 경향이 있다. 혹은 가질 수 없는 것에 흥미를 느끼는 사람인지도 모른다. 가질 수 없는 대상이 더 매력적으로 보이는 현상을 '반항 효과(Reactance Effect)'라고 하는데, 이는 꼭 불륜에만 해당된 이야기가 아니다. 또한 차이면 차일수록 상대가 더 근사해 보이는 경우도 있다.

228

때로는 데이트 코스를 바꿔보자

사소한 의외성이 관계를 지속시켜준다

장편 드라마가 오랫동안 시청자의 마음을 사로잡는 비결은 무엇일까? 우선은 '언제 보더라도 같은 사람이 나온다'는 안도감을 꼽을 수 있다. 단순히 똑같은 사람만 나온다면 금방 질리게 될 것이다. 그래서 필요한 것이 생각지도 못했던 전개, 즉 약간의 의외성이다. '늘 똑같지만 조금씩 새롭다'는 것이 비결이다. 연애에서도 마찬가지다. 데이트를 하게 되면 어느새 똑같은 행동을 반복한다. 늘 그렇듯 영화를 보고, 그 옆에서 밥을 먹고⋯. 이런 정형화된 패턴을 조금 바꿔서 영화 감상 대신에 운동경기를 관전하면 어떨까?

229 반대된 행동으로 분위기를 가라앉혀라

우선은 냉정함을 유지해야 한다

사소한 일로 말다툼을 했다면 어떻게 해야 할까? 싸움이 커질 것 같다면 무엇보다도 똑같이 흥분해서는 안 된다. **089**의 '동조 댄스'와는 반대로 행동해야 한다. 상대의 리듬에 맞추는 것이 관심을 이끌어내기 위한 행동이었다면, 그 반대의 행동은 관심을 잃게 만들 것이다. 그녀가 접시를 던지더라도 반응을 보이지 말자. 물론 이렇게 한다고 해서 말다툼을 하게 된 원인까지 사라지지는 않는다. 그저 분위기를 가라앉히기 위한 일시적인 임기응변일 뿐이지만, 어찌되었든 관계를 생각한다면 냉정함을 유지하는 것이 제일 중요하다.

230 우선은 전화를 걸어 관계를 회복해라

직접 만나면 불필요한 정보가 들어온다

연인하고 싸워서 관계가 소원해졌다고 주변 사람들에게 말하면 "다시 만나서 잘 이야기해봐" 하고 조언을 해줄 때가 많다. 그러나 이 방법은 신중해야 한다. 직접 만나면 아무래도 표정이나 몸짓 등에서 관계를 회복하는 데 불필요한 정보가 들어온다. 그러면 본래 하고 싶었던 말이 나오지 않게 되거나 오히려 더 큰 싸움이 벌어질 수 있다. 서로 오해한 부분이나 사실에 대한 설명을 제대로 하고 싶다면 정보량이 적은 전화를 택하는 것이 현명하다. 반면 속이거나 어물쩍 넘기고 싶다면 직접 만나서 이야기하는 것이 더 좋다.

231 같이 지낼 때 서로의 영역을 인정하는지 살핀다

친한 사이에도 예의는 지켜야 한다

동거나 반동거가 결혼으로 발전하느냐 마느냐는 공용 공간을 사용하는 모습을 보면 알 수 있다. 예를 들어 세면실 위쪽 선반에는 면도기 등의 남성용품을 넣어 놓고, 아래쪽 선반에는 화장품 등의 여성용품을 넣어 놓는 등 서로가 서로의 영역을 인정하는 커플은 결혼으로 이어지는 경우가 많다. 개인 공간을 인정한다는 것은 서로 예의를 지키며 존중한다는 뜻이다. 서로를 함부로 대하지 않고 오랫동안 사귀고 싶다는 의사 표현이기도 하다. 개인 공간을 인정하지 않고 자기 물건을 대충 늘어놓는 사람은 내심 짧은 만남을 원하고 있는지도 모른다.

금전 감각이 올바른지 본다

아무것도 보지 않고 500원짜리 동전을 그리라고 해보자

금전 감각을 알고 싶다면 종이와 연필을 준비해서 500원짜리 동전을 실물과 똑같은 크기로 그려보라고 하면 된다. 다 그렸으면 실제 동전을 그림 위에 올려보자.

- 실물보다 크게 그린 사람: 500원짜리를 가치가 있는 돈으로 여기는 사람이다. 금전 감각이 확실하다.
- 실물보다 작게 그린 사람: 500원짜리 동전을 쉽게 쓰는 사람이다. 경제적으로 곤란했던 적이 없거나 쉽게 낭비하는 사람일지도 모른다.
- 실물과 거의 같은 크기로 그린 사람: 사물을 보는 눈이 정확하기는 하지만 500원을 돈이 아니라 단순한 물건으로 볼 가능성이 있다. 돈에 조금 무딘 사람일지도 모른다.

233
갑자기 말이 많아지는지 보라

뒤가 켕기면 끼어들 틈을 주지 않고 계속 이야기한다

평소에는 말이 많지 않던 사람이 갑자기 말을 많이 하는 경우가 있다. 유독 어떤 화제가 나오기만 하면 말이 많아진다든가 평소 말이 많기는 했지만 그래도 그 화제에 관심이 있다고 보기에는 어딘지 모르게 이상할 만큼 유난히 떠들어댄다면 누구라도 부자연스럽다는 생각을 하게 될 것이다. 상대가 끼어들 틈을 주지 않고 계속 이야기를 해서 어떻게든 그 화제에서 벗어나려고 하는 모습을 보인다면 뭔가 불안하거나 마음에 걸리는 일이 있는 것은 아닌지 의심해볼 필요가 있다. 어쩌면 추궁당하면 안 되는 일이 있어서 화제를 돌리려고 그러는지도 모른다.

연인의 이름을
잘못 부르지 않도록
주의합시다.

TIP 말실수에 속마음이 드러난다

개회식인데 "지금부터 폐회식을 거행하겠습니다"라고 말을 했다면 그 말실수에 그 사람의 속마음이 들어 있는지도 모른다. 정신분석학자인 프로이트는 이를 '착오행위 (Parapraxis)'라고 부르고, 진심이나 바람 등 무의식적인 마음이 말실수를 일으킨다고 설명했다. 실제로 이런 일이 일어난다면 곤란하겠지만, 사실 연인의 이름을 잘못 부른다거나 기르는 고양이를 옛 연인의 이름으로 부르는 말실수는 누구나 저지를 수 있다. 조심해야 할 일이다.

234 시선이 오른쪽 위를 향하는지 보라

시선이 오른쪽 위를 향하면 거짓말을 한다는 증거

진실을 이야기할 때 사람은 상대의 눈을 똑바로 쳐다본다. 만약 눈이 아닌 다른 쪽을 쳐다본다면? 관찰 실험을 통해 다음과 같은 사실이 밝혀졌다. 예를 들어 "자기, 어젯밤에 어디에 갔었어?"라는 질문에 시선이 오른쪽 위를 향한다면 이는 거짓말을 만들어내고 있다는 사인이다. 실제로는 없었던 일을 '상상'할 때 사람은 오른쪽 위를 본다. 만약 왼쪽 위를 본다면 거짓말을 할 가능성이 낮다. 아니, 그보다는 실제 있었던 일을 떠올리는 중이라고 봐야 한다. 눈은 입에 못지않게 많은 사실을 이야기한다.

235

연인이 바람을 피우는지 알고 싶을 때 ③

하루 동안의 행동을 설명하게 해보라

시간의 역순으로 다시 설명하게 해보자

시험 삼아 "어제 뭐했어?" 하고 물어보라. 언제 어디에 어떻게 가서, 누구와 만나고, 무엇을 먹고, 무슨 생각을 했는지…. 자세한 내용을 설명하게해보자. 어쩌면 비교적 쉽게, 그것도 아주 자세히 대답을 해줄지도 모른다. 만약 그렇다면 이번에는 방금 한 이야기를 시간의 역순으로 다시 이야기하게 해보자. 반대의 흐름으로는 이야기를 잘 못한다면 애초에 거짓말을 했을 가능성이 크다. 이는 FBI가 심문에서 많이 쓰는 수법이다. 바람을 피고 있다는 의심이 든다면 이 방법으로 확신을 가질 수 있다.

236 약속을 미루는지 보라

약속이 바로 잡히면 협력적이라는 뜻이다

헤어지자는 말은 어느 날 갑자기 들려오지만 이별의 징조는 그 전부터 나타나기 시작한다. 만약 이를 미리 알아낼 수 있다면 좀 더 담담하게 이별을 받아들인다거나 관계를 회복하는 데 도움이 된다. 마음이 멀어졌음을 알리는 최대의 사인은 약속이 잘 잡히지 않는다는 것이다. "언제 만날까?"라고 물어도 "글쎄, 요즘 바빠서. 시간 날 때 연락할게"와 같은 답변이 돌아오는 경우가 그렇다. 서로 협력적일 때는 약속을 잡기가 쉽다. 약속을 잡기 힘들다는 말은 더는 협력적인 관계가 아니라는 뜻이다.

237 이야기를 짧게 하는지 보라

바쁘다는 핑계가 많아지면 이별의 징조다

약속을 잡기 어렵다는 것 이외에 또 어떤 징조가 있는지 알아보자. 우선 '바쁘다'는 핑계가 많아진다. 만날 수 없음을 바쁘다는 말로 속이는 것이다. 자연히 사적인 생활도 알기 어렵다. 그러면 상대의 행동 패턴을 읽을 수가 없어서 전화를 걸어도 연결되지 못할 때가 많다. 그리고 "어제는 집에 늦게 왔나봐?" 하고 물어도 "응, 일하느라" 하고 대답을 짧게 한다. 뭔가 감추고 싶은 일이 있어서 길게 이야기하다 들킬까봐 이야기를 구체적으로 설명하지 못하는 것이다.

238 사적인 화제가 줄었는지 생각해보라

만나는 횟수가 줄지 않아도 이별은 찾아온다

237에서 상대의 사적인 생활을 알기 어렵게 된다고 했는데, 좀 더 자세히 설명하면 이는 '자기 드러내기(199 참조)'가 줄었음을 뜻한다. 만날 기회가 줄었으니 어쩌면 당연한 이야기다. 변함없이 자주 만나지만 두 사람의 이야기가 세상 사는 이야기 정도에 머물러 있다면 이 역시 이별의 징조라고 봐야 한다. 두 사람 다 자신을 드러내고 싶어 하지 않는다는 신호다. 좀 더 깊은 이야기, 가령 결혼에 관한 이야기를 해볼 수도 있다. 이별을 생각하는 사람은 결혼 이야기를 피하려 들 테고, 반대로 결혼을 원하는 사람은 적극적으로 이야기에 동참해올 것이다.

239 연인의 애정을 수치로 확인하고 싶을 때

섹스에 들인
전체 시간을 재보라

애정의 깊이는 전희와 후희의 길이에 비례한다!?

미국의 정신과 의사 벨락(Leopold Bellak)은 현대인의 커뮤니케이션 특징을 일컬어 '많은 사람과 단시간에 접촉한다'고 이야기했다. 인간관계가 넓고 얕아져서 사람과 사람의 관계가 희박해졌다는 뜻이다. 연애에서도 마찬가지다. 두 사람이 자주 만난다고 해서 둘 사이가 꼭 친밀하다는 뜻은 아니다. 벨락은 애정의 깊이를 측정하는 재미있는 지수를 발표했다. 애정지수=(전희 시간+후희 시간)÷성교 시간(분). 두 사람의 애정이 예전에 비해서 어떻게 달라졌는지 한번 확인해보자.

애정의 깊이를
공식으로 알아봅시다.

TIP 애정지수를 계산해보면…

위에서 소개한 벨락의 애정지수 이야기를 좀 더 해보자. 만약 전희가 30분, 후희가 20분, 성교 시간이 10분이라면 애정지수는 (30+20)÷10이므로 '5'가 나온다. 벨락은 성을 실컷 즐기는 커플은 전희 100분, 후희 20분, 성교 시간 5분으로 애정지수가 '24'라고 예를 들었다. 재미있게도 성교 시간이 늘어날수록 애정지수는 내려간다.

240 실연에 관한 노래를 들어라

볼썽사나운 자신을 받아들이자

실연은 아프고 고통스럽다. 얼른 잊어버리는 편이 나을 것 같지만, 실연한 후에 어떻게 지내는지 설문 조사를 해보니 많은 남녀가 즐거웠던 그 시절을 자꾸 되새김질한다거나 추억의 장소에 찾아간다고 답을 했다. 이별 노래를 듣는 사람도 많았다. 노랫말에 공감하며 잔뜩 슬퍼하다보면 마음이 정화되어 개운한 느낌이 드는데, 심리학에서는 이를 '동질의 원리'라고 부른다. 실연의 고통으로 몸부림치는 것이 볼썽사납게 느껴질 수도 있지만 우선은 이 괴로움을 인정하고 받아들여야만 다음 단계로 넘어갈 수 있다.

241

먼저 몸과 마음을 건강하게 해라

몸과 마음이 건강해야 연애도 할 수 있다

미국에서 죄수들을 대상으로 '식사를 제한한 기아 상태에서 사람은 어떻게 되는가?'라는 주제로 실험을 실시했다. 이에 따르면 죄수들은 식사를 제한한 기간이 길어짐에 따라 성욕이 사라졌고 연인과의 면회에 의욕을 보이지 않았다고 한다. 머릿속이 음식으로 꽉 차면서 집중력이 떨어진다거나 초조하고 무기력한 상태가 되는 등 정신적 혼란이 일어났기 때문이다. '연애를 위한 다이어트'도 좋지만, 그것이 '다이어트를 위한 다이어트'로 변해 몸을 망친다면 본말이 전도되었다고 할 수 있다. 몸과 마음이 건강해야 비로소 연애도 제대로 할 수 있다.

제6장 한 장 정리

01 사람이 사람을 좋아하려면 심리적인 '조건'이 갖춰져야 한다. 그 조건을 하나씩 충족시켜나가는 것이 연애를 성취하는 지름길이다.

02 우선은 '단순 접촉 효과'를 위해 계속해서 좋아하는 사람과 마주치도록 노력하자.

03 취미가 같다든가 가치관이 비슷하다는 식의 공통점을 찾아서 어필해보자.

04 많은 여성이 찬사와 칭찬에 굶주려 있다. 그녀들이 원하고 믿을 수 있는 '칭찬 꾸러미'를 갖고 있는 것은 아주 큰 장점이다.

05 '간접 고백'이나 '이중 구속'과 같은 심리기술을 사용하여 불시에 마음을 사로잡아보자.

06 고백이 성공하려면 '타이밍'이 적절해야 한다. 그 사람이 자기평가가 낮은 상태에 있거나 심리적으로 불안을 느낄 때가 기회다.

TEST

Q1 영화를 좋아하는 여성에게 좋은 인상을 남기고 싶다면?
　A 잘 알려지지 않은 매니악 한 명작에 대해 이야기한다
　B 그녀가 좋아하는 명작에 대해 호의적인 감상을 이야기한다

Q2 여성을 기쁘게 하는 칭찬 방법은 어느 쪽?
　A 용모와 상관없이 예쁘다고 칭찬한다
　B "맑고 깨끗해 보인다"와 같이 분위기를 칭찬한다

Q3 동료 여성이 일 문제로 고민 상담을 해오다면?
　A "그래, 정말 힘들겠다"라며 잘 들어준다
　B 내 나름의 해결책을 생각해서 조언해준다

Q4 마음에 둔 여성이 같이 밥을 먹자고 한다! 어떻게 대답해야 할까?
　A "이번 주든 다음 주든 언제라도 좋습니다!"
　B "다음 주 ○요일이나 ○요일이라면 시간을 낼 수 있습니다."

Q5 밸런타인데이에 좋아하는 여성에게서 초콜릿을 받았다(예의상 준 것이겠지만). 화이트데이 때 어떻게 보답해야 할까?
　A 유명 파티시에가 만든 초콜릿을 선물한다
　B 큰 맘 먹고 그녀가 갖고 싶어 했던 고가의 액세서리를 선물한다

Q6 대망의 첫 데이트! 자, 어떤 옷을 입을까?
　A 늘 입던 옷으로 있는 그대로의 나를 보여준다
　B 그녀의 스타일과 비슷한 옷

Q7 용기를 내서 고백했지만 거절당했다! 당신이라면?
　A 미련 없이 깨끗하게 단념하고 다음 만남을 찾아다닌다
　B 시간을 두고 다시 한 번 다가간다

Q8 연인과 대판 싸웠다! 다시 사이가 좋아지려면?
　A 우선 전화부터 한다
　B 말없이 그녀의 집 앞으로 찾아간다

ANSWER

Q1→B(193 참조)
Q2→B(196 참조)
Q3→A(205 참조)
Q4→B(208 참조)
Q5→A(209 참조)
Q6→B(212 참조)
Q7→B(221 참조)
Q8→A(230 참조)

특정 인물에게 사랑을 받으려면
작전을 펼칠 줄도 알아야 합니다.
살짝 난처하게 만들거나 놀라게 해서
그 마음을 사로잡아 봅시다.

기억해두면
도움되는
심리학 용어

정박 효과 ▶032

사람들은 어떤 의사결정을 내릴 때 그에 앞서 제시된 수치(Anchor)를 기준으로 생각하는 경향이 있다. 예를 들어 "○○할 가능성은 몇 %입니까?"라고 물을 때, 이 질문에 "60%보다 높은가요, 낮은가요?"라는 질문을 덧붙이면 응답자는 '60'이라는 수치를 기준으로 대답하게 된다.

일관성의 원리 ▶005, 031

사람은 일단 밖으로 드러낸 행동이나 발언에 대해서는 그 생각을 계속 같은 방향으로 관철시키려고 든다. 무의식중에 '이제 와서 번복한다면 신용을 잃게 될 것이다'라고 느끼기 때문이다. 이 심리적 속박을 이용하면 상대의 행동을 조정할 수 있다('낮은 공 기법' 등).

윈저 효과 ▶144

제3자를 통해서 전달하는 정보나 소문이 본인에게 직접 전달하는 것보다 더 큰 영향력을 발휘하는 현상. 윈저공 부인의 자전적 스파이 소설 《스파이가 춤을 추었다(The Spy Went Dancing)》(어라인 그리피스, Aline Griffith)에 등장하는 "제3자의 칭찬은 언제 어디서나 가장 큰 효과를 발휘하지요"라는 말에서 따온 이름이다.

칵테일파티 효과(Cocktail Party Effect)

사람은 소란스러운 파티석상에서도 자신이 관심 있어 하는 대화나 자신의 이름 등을 골라 들을 수 있다. 반대로 말하면, 목소리가 너무 작지도 않고 주위가 너무 시끄럽지도 않은데 "네, 뭐라고요?"라고 되묻는 사람은 이쪽의 이야기를 들을 마음이 없는지도 모른다.

단면 제시와 양면 제시 ▶204

단면 제시(일면 제시)란 좋은 면만을 강조하여 권하는 방법을 말하고, 양면 제시(이면 제시)란 처음부터 장점과 단점을 모두 제시하여 이해시키는 방법을 말한다. 후자의 방법을 사용하면 권하는 쪽이 성실하다는 인상을 줌으로써 차후에 큰 문제가 발생하지 않는다.

희소성의 원리 ▶021, 208

사람은 쉽게 손에 넣을 수 있는 물건은 가치가 낮고, 손에 넣기 어려운 물건은 가치가 높다고 여긴다. "이번 기회를 놓치면 다시는 가질 수 없습니다", "한정품이니 비쌀 수밖에 없습니다"와 같은 말로 마음을 흔들면 많은 사람이 제대로 검토도 하지 않고 그 상품을 구입하려고 든다.

점층화법과 점강화법 ▶054, 189

설득을 위한 기술 중 하나. 무난하고 사소한 이야기로 시작하여 맨 나중에 중요한 이야기를 터뜨리는 '점층화법'은 면접 때처럼 상대가 내 이야기에 흥미를 갖고 있을 때 효과가 크다. 먼저 결론을 내놓고 뒤이어 설명을 덧붙이는 '점강화법'은 흥미가 희박할 때 주의를 끄는 효과가 있다.

게인 효과(Gain Effect)와 로스 효과(Loss Effect)

"강압적이고 무시무시한 상사가 알고 보니 고양이를 엄청 좋아하더군"과 같이 좋은 의미에서 상대의 행동에 배반을 당하여 인상이 좋은 쪽으로 바뀌는 현상을 '게인 효과'라고 한다. 반대로 "착실한 사람인 줄 알았는데 걸핏하면 신호를 위반하더군요"와 같이 처음에는 인상이 좋았는데 그렇지 않은 면을 보고 더 크게 실망하는 현상을 '로스 효과'라고 부른다. 긍정적이든 부정적이든 이 격차가 클수록 인상이 강해진다.

호의의 보답성 ▶013, 091, 195, 209

사람은 자신에게 호의를 베푼 사람을 좋아하는 경향이 있다. 그리고 호의를 받으면 나도 호의로 보답해야 한다고 느낀다. 이러한 심리 현상을 '호의의 보답성'이라고 부른다. 이와 아주 비슷한 심리 현상 중에 '상호성의 법칙'이 있다. 줬으면 받아야 하고 받았으면 갚아줘야 한다는 심리를 나타내는 말이다.

공적 자기의식 ▶163, 160쪽 TIP

자신이 남에게 어떻게 보이는지를 신경 쓰는 심리. 타인의 반응을 의식하는 감정. 대인행동에 큰 영향을 끼친다. 이 의식이 높은 사람은 '좋은 사람'인 듯 연기하는 경향이 있고, 이 의식이 낮은 사람은 성격이 흐리터분하고 몸가짐에 신경을 쓰지 않는 경향이 있다.

대비 효과 ▶053

백화점에서 고액의 상품을 본 후에 집 근처 슈퍼에서 장을 보면 물건 값이 싸게 느껴지는 효과. 가격표에 '정상가'와 '특별할인가'를 모두 적어놓으면 특별할인가가 이득이라는 느낌이 더 강하게 다가온다. 세일즈는 물론이고 '비교'가 가능한 다양한 상황에서 활용할 수 있다.

콤플렉스 지표 ▶108

어떤 화제에 대해 바로 대답하지 못하고 잠시 침묵을 유지한다면 이 화제는 의식 밑바닥에 억압된 '거론하고 싶지 않은 화제'라고 해석할 수 있다. 이러한 '침묵 시간'을 '콤플렉스 지표'라고 부른다. '그 이야기는 하지 말자'라는 사인을 흘려보내지 않도록 주의하자.

착오행위 ▶ 281쪽 **TIP**
당황했거나 피곤한 상태일 때 일어나는 사소한 실수. 예컨대 옆에 있는 연인을 자기도 모르게 옛 연인의 이름으로 부르는 경우가 이에 해당한다. 정신분석학자 프로이트는 이러한 말실수나 건망증 등의 행위에 그 사람의 진짜 심리가 드러난다고 주장했다.

잠재의식 효과 ▶169, 171
인식할 수 없을 정도의 약한 자극이 잠재의식에 영향을 끼치는 현상. 영화 필름의 1코마 (Coma)에 콜라 영상을 끼워 넣으면 무의식적으로 콜라가 먹고 싶어지게 된다는 이야기가 제일 유명하다. 반복해서 보고 듣는 메시지나 CM이 본인도 자각하지 못하는 사이에 의식 속에 뿌리를 내리게 되는 것 역시 잠재의식 효과의 일종이다.

색채심리학 ▶128
색깔이 인간의 마음과 의식에 끼치는 영향을 분석하는 심리학의 한 종류. 집 안에 밝은색 벽지를 바르면 그 안에 있는 사람의 기분도 밝아지고, 밝아 보이는 색 옷을 걸치면 그 사람의 인상도 밝아 보인다. 이러한 색채 효과는 의료, 마케팅, 교육현장 등 다양한 분야에서 활용되고 있다.

자아관여 ▶047, 069, 172, 203, 208
어떤 일에 '내가 관여하고 있다'라는 마음을 갖는 것을 말한다. 자신이 깊이 관여한 일에는 그만큼 신경을 많이 쓰게 된다. 부탁을 하거나 물건을 빌림으로써 자신에 대한 상대의 '자아관여 정도'를 높이면 호의를 얻어내는 데 도움이 된다.

자기 드러내기 ▶079, 140, 238
자신의 이름을 알리는 '자기소개'를 시작으로 최종적으로는 약점까지 포함해서 '자신에 관한 정보를 솔직하게 상대방에게 보여주는 것'을 의미한다. 타인과 친해지려면 자기 드러내기의 과정이 꼭 필요한데, 이는 상대의 사람됨을 알게 됨으로써 서로의 심리적 거리가 줄기 때문이다.

자기 친밀 행동 ▶101, 105, 118, 126
손으로 자기 몸의 일부(팔, 뺨, 머리카락 등)를 만지는 행동. 불안이나 긴장 등 마음의 고통을 완화하려는 행위로, 자신을 지키려는 심리가 무의식적으로 표출된 것이라 볼 수 있다. 자신을 아끼는 행위이기도 하다. 어리광이 심한 여성이 머리카락을 자주 꼬고 만지는 것 역시 자기 친밀 행동의 일종이다.

자기 제시 ▶200

'자기 드러내기'와 말은 비슷하지만 뜻은 매우 다르다. 자기 제시란 좋은 인상을 주기 위해 자신의 장점만을 어필하는 것을 뜻한다. 처음에는 효과가 좋지만 실체가 드러나서 크게 실망을 안길 수도 있고 본인도 연기하기가 괴로울 수 있으므로 너무 오래 끌지 않는 편이 좋다.

사회적 비교 이론 ▶066

사람들이 자신의 능력이나 의식수준을 남의 언동과 비교하여 파악하려고 든다는 심리학 이론. 자신보다 뛰어난 사람과 비교하는 것을 '상향 비교', 열등한 사람과 비교하는 것을 '하향 비교'라고 부른다. 같은 수준의 사람과 자신을 비교할 때는 경쟁의식이 샘솟게 되는데, 이 효과를 이용하면 팀원들에게 의욕을 불어넣을 수 있다.

승인 욕구 ▶186

주위 사람들에게 인정과 존경을 받고 싶어 하는 욕구. 심리학자 매슬로가 주장한 '욕구 5단계 이론'으로 따지면 4단계의 욕구에 해당한다. 서로 더 좋은 관계를 맺고 싶다면 이 승인 욕구를 충족시켜줘야 한다. 또한 이 욕구가 강한 사람은 자기평가가 낮아서 타인에게 쉽게 동조하는 특징을 보인다.

초두 효과 ▶136, 180

첫인상이 전체를 판단하는 데 두고두고 영향을 끼치는 현상. 이는 인상 형성을 연구한 미국의 심리학자 애쉬가 실험을 통해 밝혀낸 사실이기도 하다. 사람은 누군가를 처음 만나면 무의식중에 '어떤 사람일 것이다'라는 꼬리표를 붙이는데, 이 첫인상이 좋으면 좋은 이미지가, 나쁘면 나쁜 이미지가 계속해서 따라다닌다.

단순 노출 효과 ▶010, 080, 136, 171, 191

만나는 횟수에 비례해 호감도가 상승한다는 뜻이다. 사람은 낯선 이에게는 공격적이고 차가운 태도를 보이지만, 그 사람의 인간적인 측면을 알고 나면 친숙함을 느낀다. 직접 마주치는 것뿐만 아니라 잦은 메일이나 전화 통화로도 호감도를 높일 수 있다. 다른 말로 '숙지성의 원칙', '자이언스 효과(Zajonc Effect)'라고도 부른다.

최신 효과 ▶137

인물을 평가할 때 맨 나중에 제시된 특성이 처음 제시된 특성보다 더 큰 영향을 끼치는 현상. '초두 효과'와 반대가 되는 현상이다. 타인에 대한 인지력이 단순한 사람일수록 나중에 제시된 정보에 더 쉽게 영향을 받는다. 이 효과를 이용하면 나쁜 첫인상을 만회할 수 있다.

신체상 경계 ▶ 161

자신의 몸에 대한 심상과 외부의 세계를 구분하는 경계를 말한다. 외부의 적에게서 자신을 지키는 갑옷과 같은 것이다. 사람이 몸에 무언가를 걸치면 신체상 경계가 보강되는 효과가 있다. 화려한 패션을 좋아하는 사람은 이 신체상 경계가 부족하거나 약할 가능성이 있다. 자신의 갑옷을 믿지 못해서 화려한 복장으로 보강하는 것이다.

친화 욕구 ▶ 081, 086, 179, 219, 223

타인과 교류하고 의사소통하고 싶은 욕구. 대개 여성이 남성보다 친화 욕구가 더 강하다. 대화를 나누고 있지 않은 상황에서도 시선을 자꾸 마주치려고 하는 사람은 항상 누군가가 옆에 있어주기를 바라는, 친화 욕구가 강한 사람이다. 이런 사람은 남에게 잘 속는 경향이 있다.

스톱법 ▶ 051

미국의 심리학자 스톨츠(Paul G. Stoltz)가 고안한, 부정적 감정을 끊어내기 위한 방법. 의기소침하여 앞으로 나아가지 못할 때는 '스톱(Stop)'을 외쳐서 감정을 발산시키면 도움이 된다. 꼭 멈추라는 소리가 아니어도 좋다. 자기 나름으로 전환시킬 수 있는 '스위치'를 만들기만 하면 된다. 다른 말로 '사고중단법'이라고도 한다.

수면자 효과 ▶ 038, 221

처음에는 하지 않겠다고 했지만 시간이 흐른 후에 '아니, 해보자' 하고 판단이 바뀌는 경우가 있다. 이것이 '수면자 효과'다. 처음에는 신뢰도가 낮아서 믿지 않았던 정보를 시간이 지남에 따라 점점 더 믿게 되는 현상을 말한다.

미완성 효과 ▶ 038, 052, 173, 182

완성하거나 끝낸 일보다 완성하지 못한 현재진행형의 일에 더 많이 신경을 쓰는 현상. 심리학자 제이가르닉(Zeigarnik)이 주장하여 '제이가르닉 효과'라고도 부른다. 적극적으로 다가오다가 한발 물러선다거나 분위기가 최고조에 달했을 때 중단하는 등 연애에서의 '밀당'이나 영화 예고편 등에서도 흔히 볼 수 있다.

상보성 ▶ 202

각기 다른 특성을 지닌 사람들이 만나면 서로를 보완해줄 수 있어 관계를 원만하게 유지할 수 있다는 사고방식. 미국의 사회심리학자 윈치(Guy Winch)가 실시한 조사에 따르면, 관계가 원만한 부부는 ①'한쪽이 지배적이고 다른 한쪽이 종속적'이거나 ②'한쪽이 돕기를 좋아하는데 다른 한쪽이 도움을 바라는' 패턴을 보였다고 한다.

동조 행동 ▶039, 055
개인이 집단의 규범이나 다수의 행동 패턴에 영향을 받아 행동하는 양식. 심리학에서 말하는 '동조'는 집단 안에서 의식적이든 무의식적이든 주위로부터 벗어나지 않으려고 마음 쓰는 것을 일컫는다. SNS에서 무의식적으로 "좋아요!"를 누르는 것도 동조 행동의 일종이다.

동조 댄스 ▶089, 092, 181, 229
친한 사람끼리 이야기할 때 웃거나 고개를 끄덕이거나 시선을 마주치는 등의 동작이 서로 일치하는 것을 말한다. 한쪽이 몸짓을 많이 섞어가며 이야기를 하는데 다른 한쪽이 몸을 움직이지 않고 가만히 있는 경우, 즉 '동조 댄스를 보이지 않는' 경우에는 '당신 이야기를 듣고 싶지 않다'는 무언의 사인으로 해석할 수 있다.

인지적 불협화 ▶194
모순된 복수의 정보가 동시에 주어지는 상태, 또는 그런 상황에서 느끼는 불쾌함. 사람은 인지적 불협화를 느끼면 이를 해소하려고 든다. 예컨대 자신의 의견을 부정당한 사람은 자신을 부정한 사람이 틀렸다는 식으로 자기합리화를 시도한다. 이 이론을 주장한 사람은 미국의 심리학자 페스팅거(Leon Festinger)이며, '인지 부조화의 원리'라고도 부른다.

바넘 효과 ▶196, 197
점성술의 결과나 혈액형 진단 등 누구에게나 해당될 수 있는 사항을 내게만 해당되는 이야기라고 믿는 현상. 19세기 말 서커스의 선구자이자 마케팅 천재로 알려진 바넘(Phineas Taylor Barnum)이 이야기한 "모두를 만족시킬 수 있는 무언가가 있습니다(We've got something for everyone)"라는 말에서 유래한 이름이다.

공개선언 효과 ▶065
직장과 같은 공적인 자리에서 목표를 선언하는 것을 말한다. 많은 사람 앞에서 선언하면 책임감이 생기고, 목표를 달성하기 위해 더 열심히 행동한다. 그래서 "사업장 별로 매출 목표를 발표하시오"와 같은 형태로 비즈니스에서도 많이 응용되고 있다. 의욕이 저하된 사람에게 노력을 촉구하는 수단으로도 유효하다.

후광 효과 ▶016, 085, 152
미국의 심리학자 손다이크(Edward Lee Thorndike)가 처음 사용한 말. 학력, 집안, 지위 등의 배경이 그 사람 전체의 인상을 긍정적으로 바꾸어놓기도 하는데, 이처럼 어떤 두드러진 특성이 후광이 되어 다른 특성에 대한 평가를 왜곡시킬 때 이를 후광 효과라고 부른다. 다른 말로 '현혹 효과'라고도 한다.

피그말리온 효과 ▶061

자신에게 향한 기대감에 부응하기 위해 노력하여 좋은 결과를 내는 현상. 키프로스 섬의 왕 피그말리온은 자신이 조각한 아름다운 여인상을 사랑하게 되고, 이 열렬한 사랑에 감동한 여신 아프로디테는 조각상에게 생명을 불어넣어 그의 소망을 이뤄준다. '피그말리온 효과(Pygmalion Effect)'는 이 신화에서 유래한 이름이다.

발부터 들여놓기 ▶001, 211

문만 열어달라는 사소한 부탁으로 수락을 끌어낸 후에 점점 더 강도를 높여 원하는 결과를 얻어내는 기술. 미국의 심리 실험에서 주부를 대상으로 가정용품에 관한 조사를 실시했는데, '전화조사'부터 실시한 그룹에서는 과반수가 '가정방문'에도 응한 데 비해, 갑자기 가정방문부터 부탁한 그룹에서는 이를 수락한 사람이 4분의 1에 불과했다고 한다.

부메랑 효과 ▶068

설득하면 할수록 설득 당하는 쪽이 반발하여 역효과가 나는 현상. 이제부터 공부해야겠다고 마음을 먹었을 때 어머니가 "공부 좀 해라"라고 말하면 갑자기 공부하기 싫어지는 것 역시 부메랑 효과의 일종이다. 서로의 관계가 깊을수록 부메랑 효과에 의한 저항도 커진다.

프레이밍 효과 ▶059

기준이 되는 관점을 바꾸면, 즉 동일한 사안을 다르게 제시하면 선택이나 판단이 달라지는 현상. '생존율 90%'와 '사망률 10%'는 결국 같은 뜻이지만 받아들이는 사람의 해석은 크게 달라질 수 있다. 좋은 결과를 강조하는 관점을 '긍정적 프레임', 나쁜 결과를 강조하는 관점을 '부정적 프레임'이라고 부른다.

홀랜더의 책략

'소수의 영향'을 일으키는 방법 중 하나. 소수파 안에서 과거에 집단에 큰 공헌을 한 사람이 그 실적으로 집단의 이해와 승인을 얻어가는 방법이다. 이른바 위에부터의 변혁을 뜻하기도 한다. 사회학자 홀랜더(Edwin. P. Hollander)의 이름에서 따온 말이다.

소수의 영향 ▶046

소수파의 의견이 점차적으로 다수파의 의견을 무너뜨려 주류를 형성해가는 현상. 소수의 영향을 일으키는 수단으로는 '모스코비치의 책략'과 '홀랜더의 책략'이 있다.

매칭 가설(Matching Hypothesis)

쉽게 말해서 '자신과 비슷한 사람과 커플이 된다'는 주장이다. 이에 따르면 '미녀와 야수'와 같은 커플은 아주 드문 예고, 대개는 미남과 미녀, 용모가 평범한 남자와 평범한 여자와 맺어진다고 한다. 이는 거부당할까봐 두려워서 애당초 자신과 비슷한 사람을 고르는 심리에 의해 벌어지는 현상이다.

미러링 ▶088, 116, 183, 185

친구들이 대화하는 모습을 관찰해보면 의견이 같은 사람끼리는 같은 타이밍에서 몸을 움직이는 것을 알 수 있다. 신뢰관계에 놓여 있는 사람과는 몸짓이나 표정이 의식적 또는 무의식적으로 닮게 된다. 이를 거울에 비친 듯 똑같이 행동한다고 해서 '미러링'이라고 부른다. '자세반향'이라고도 부른다.

메라비언의 법칙 ▶187쪽 TIP

대화 내용보다 이야기하는 사람의 옷차림이나 용모 등 '겉모습'이 커뮤니케이션에 더 큰 영향을 끼친다는 이론이다. 심리학자 메라비언은 실험을 통해 "사람의 인상은 비언어적 커뮤니케이션(표정 55%+음성 38%)에 의해 결정된다. 대화 내용의 영향은 7%에 지나지 않는다"는 사실을 발견했다.

모스코비치의 책략 ▶046

'소수의 영향'을 일으키는 수단 중 하나. 소수파인 사람이 계속해서 일관된 태도를 보이거나 같은 의견을 반복해서 주장하면 다수파 의견의 신빙성이 흔들리면서 점차 '우리가 틀린 것은 아닐까?' 하고 소수파의 의견에 공감하는 사람이 늘어난다.

모델링 ▶147

좋아하는 사람이나 존경하는 사람을 보고 '저 사람처럼 되고 싶다'라고 느껴서 그 행동을 배우는 현상. 아이의 사소한 버릇이나 사고방식이 부모와 비슷해지는 것도 모델링이고, 승승장구하는 사람의 흉내를 내서 성공에 한발 더 다가가는 것 역시 모델링이다.

고슴도치 딜레마 ▶023

추운 겨울날 두 마리의 고슴도치가 몸을 가까이하여 온기를 나누려고 한다. 그러나 너무 가까이 가면 가시에 찔리고, 그렇다고 떨어지면 추위에 시달린다. '고슴도치 딜레마'는 독일의 철학자 쇼펜하우어(Arthur Schopenhauer)가 쓴 우화의 내용에서 유래한 이름이다. 서로 상처 입히지 않고 의사소통을 나누기가 매우 어렵다는 것을 설명하는 말이다.

고슴도치 지수

타인과의 거리감을 측정하기 위한 지수로, 미국의 정신과 의사 벨락이 고안했다. '10초 동안 떠오르는 친구의 수×일주일 동안 만나는 횟수×만나는 시간(분)'으로 산출한다. 지수가 높을수록 붙임성이 많고 사교적이라는 뜻이다.

욕구 5단계 이론 ▶012

미국의 심리학자 매슬로는 인간의 욕구를 ①생리적 욕구, ②안전의 욕구, ③소속감과 애정의 욕구, ④인정과 존경의 욕구, ⑤자아실현의 욕구로 나누었다. 매슬로는 아래 단계의 욕구가 채워져야 그 위 단계로 넘어갈 수 있다고 설명했다. 이 주장에 따르면 인간은 음식과 거주지가 해결되어야만 연애를 할 수 있다.

오찬 기법 ▶002

식사를 하면서 설득하는 방법. 맛있는 음식을 먹는다는 쾌감이 서로 호감을 갖게 한다는 사실은 이미 많은 실험을 통해 입증되었다. 아베 총리는 오바마 대통령이 태평양경제동반자협정(TPP) 문제로 일본에 방문하자 제일 먼저 긴자의 고급 초밥집으로 그를 초대했는데, 이 역시 오찬 기법의 한 예라 하겠다.

링겔만 효과 ▶074

집단을 구성하는 사람이 많아질수록 '내가 아니어도 누군가가 하겠지' 하는 마음이 커진다. 독일의 심리학자 링겔만이 실시한 줄다리기 실험에 따르면, 줄을 당기는 사람이 늘어날수록 개인의 힘(개인의 공헌도)이 낮아졌다고 한다.

유사성의 법칙 ▶224

성격, 취미, 가치관 등이 비슷한 사람에게 끌리는 현상. 이런 현상이 일어나는 이유로는 '자신과 행동 패턴이 비슷해서 예측하기 쉽고 이해를 구하기도 쉽다', '억지로 맞춰야 하는 심리적 부담이 적고, 서로 비슷하다보니 싸울 일이 적다' 등을 꼽을 수 있다.

낮은 공 기법 ▶005

처음에 좋은 조건으로 승낙을 얻어내고서 나중에 나쁜 조건을 제시하는 기술. 좋은 조건에 관심을 드러낸 사람은 설령 조건이 바뀌어도 쉽사리 태도를 바꾸지 못한다. 상대가 받기 쉽게 낮은 공부터 던지는 모습을 상상하면 이해하기 쉽다. 예를 들면 다음과 같다. 점원 : "50% 할인해 드립니다" → 고객 : "살게요" → 점원 : "죄송합니다. 30% 할인인데 착각했습니다" → 고객 : "…살게요"

참고문헌

《흥정과 독심 기술 – 비즈니스 심리 세미나》, 시부야 쇼조

《인간관계 심리술》, 시부야 쇼조

《'입버릇' 하나면 타인을 읽을 수 있다》, 시부야 쇼조

《97%의 사람을 내 맘대로 조정하는 위험한 심리술》, 로미오 로드리게스 주니어(Romeo Rodriguez Jr.),

《타인을 지배하는 어두운 심리술》, 마루코샤(マルコ社)

《호감도를 올리는 첫인상 법칙》, 시부야 쇼조

《마음을 움직이는 마법의 문장술》, 나카지마 야스나리(中島泰成)

《연애 심리학 레시피》, 시부야 쇼조

《몸짓으로 사람의 마음을 사로잡는 기술》, 시부야 쇼조

《몸짓을 보면 마음의 90%를 알 수 있다!》, 시부야 쇼조

《나 자신을 알 수 있는 심리학》, 시부야 쇼조

《10초 만에 상대방을 파악하고 조정하는 심리술 노트》, 나가오카쇼텐(永岡書店)

《심리학 사전》, 나카지마 요시아키(中島義明) 외

《심리학(New Liberal Arts Selectio)》, 무토 다카시 외

《심리를 조작할 수 있는 책》, 시부야 쇼조

《대인관계에서 배포를 기르는 기술》, 시부야 쇼조

《초일류 비즈니스력》, 시부야 쇼조

《왜, 이 사람에게는 부하가 따를까?》, 시부야 쇼조

《사람을 조정하는 금단의 문장술》, 멘탈리스트 다이고(DaiGo)

《첫인상 – 입버릇 심리학》, 시부야 쇼조

《연애심리의 비밀》, 시부야 쇼조

KI신서 7271

한 줄 심리학

1판 1쇄 발행 2018년 2월 9일
1판 2쇄 발행 2018년 3월 19일

지은이 시부야 쇼조 **옮긴이** 김현영
펴낸이 김영곤 **펴낸곳** (주)북이십일 21세기북스

정보개발본부장 정지은
정보개발1팀장 이남경 **책임편집** 김선영
출판영업팀 이경희 권오권
출판마케팅팀 김홍선 최성환 배상현 신혜진 김선영 나은경
홍보기획팀 이혜연 최수아 김미임 박혜림 문소라 전효은 염진아 김선아
표지 디자인 디자인 빅웨이브 **본문 디자인** (주)이답
해외기획팀 임세은 채윤지 장수연 **제휴팀** 류승은 **제작팀** 이영민

출판등록 2000년 5월 6일 제406-2003-061호
주소 (우 10881) 경기도 파주시 회동길 201(문발동)
대표전화 031-955-2100 **팩스** 031-955-2151 **이메일** book21@book21.co.kr

(주)북이십일 경계를 허무는 콘텐츠 리더

21세기북스 채널에서 도서 정보와 다양한 영상자료, 이벤트를 만나세요!
페이스북 facebook.com/21cbooks **블로그** b.book21.com
인스타그램 instagram.com/21cbooks **홈페이지** www.book21.com
서울대 가지 않아도 들을 수 있는 명강의! 〈서가명강〉
네이버 오디오클립, 팟빵, 팟캐스트에서 '서가명강'을 검색해보세요!

ⓒ 시부야 쇼조(渋谷昌三), 2016
ISBN 978-89-509-7318-6 03320